GRAMMATIK Französisch leicht gemacht

Renate Geissler

BUCH UND ZEIT
BZ

Buch und Zeit Verlagsgesellschaft mbH · Köln

Redaktion: Nicole Bornhausen,
Evelyn Detterbeck, Monika Sattrasai
Umschlaggestaltung: Inga Koch

Printed in Germany
ISBN 3-8166-0012-3

Einleitung

„Grammatik Französisch – leicht gemacht" wendet sich an alle, die Französisch lernen, ihre Sprachkenntnisse vertiefen oder neu auffrischen wollen. Sie ist daher für den Schüler, den Teilnehmer an einem Sprachkurs oder den „Selbstlerner" gleichermaßen geeignet. Als Nachschlagewerk und Handbuch bietet sie auch dem Fortgeschrittenen eine wertvolle Hilfe.

Die praxisorientierte und übersichtliche Darbietung des Inhalts ermöglicht ein wirklich effektives Lernen. Die Durchnumerierung der Regeln, die farbige Hervorhebung von Grundregeln und Tabellen sowie das Schritt-für-Schritt-Vorgehen von einfachen zu komplexen Sinnabschnitten helfen dem Leser, sich gezielt und individuell, je nach Wissensstand, zu informieren.

Jedes Kapitel ist in immer derselben Weise gegliedert: Vorab wird der grammatische Sachverhalt auf leicht verständliche Weise erklärt, um im nächsten Schritt in der Regel formuliert zu werden. Die korrekte, selbständige Anwendung dieser Regel wird mit treffenden Beispielsätzen und zusätzlichen Lernhilfen wie Merksätzen und übersichtlichen Tabellen erleichtert.

Damit der Lernstoff auch „richtig sitzt", finden sich zu jeder Regel Beispielsätze aus dem modernen Sprachgebrauch. Zum besseren Verständnis werden alle französischen Beispiele sowie alle speziellen Grammatikausdrücke ins Deutsche übersetzt. Die Erklärungen orientieren sich an dem Grundsatz „Beschränkung auf das Wesentliche", ohne Sonderfälle und Ausnahmen außer acht zu lassen.

Gleichzeitig garantiert ein ausführliches Lexikon der grammatischen Fachausdrücke den direkten Zugriff zu den einzelnen Regeln.

Diese „anwenderfreundliche" Aufbereitung des Inhalts läßt die „Grammatik Französisch – leicht gemacht" zu einer wertvollen Hilfe für alle Lernenden, Anfänger und Fortgeschrittene gleichermaßen, werden.

Viel Erfolg!

Inhaltsverzeichnis

Der Artikel (das Geschlechtswort) dient u. a. dazu, das grammatikalische Geschlecht eines Substantivs (im Französischen also männlich oder weiblich) anzuzeigen. Man unterscheidet den *bestimmten Artikel,* den *unbestimmten Artikel* und den *Teilungsartikel*, der eine Besonderheit des Französischen darstellt.

REGEL 1

● Im Französischen muß, mit Ausnahme von bestimmten Redewendungen und einigen genau definierten Fällen, *immer* ein Artikel stehen. Dies gilt sowohl für den bestimmten als auch für den unbestimmten Artikel.

Der bestimmte Artikel

Der bestimmte Artikel lautet in der Einzahl männlich *le* (1), weiblich *la* (2), in der Mehrzahl *les* (3).

REGEL 2

● Folgt dem Artikel ein Substantiv, das mit einem Vokal beginnt, so verwandeln sich *le* und *la* in *l'* (4):

	männlich		weiblich	
Einzahl	(1) *le garçon* (4) *l'art*	der Junge die Kunst	(2) *la femme* (4) *l'église*	die Frau die Kirche
Mehrzahl	(3) *les garçons*	die Jungen	(3) *les églises*	die Kirchen

REGEL 3

● Auch vor dem stummen 'h' wird ein Apostroph gesetzt (5):

(5) *l'heure* die Stunde; *l'hôpital* das Krankenhaus

REGEL 4

● Bei 'h' aspiré wird kein Apostroph gesetzt (6):

(6) *le hasard* — der Zufall
la haine — der Haß
le huitième — der achte
le hall — die Halle
le haricot — die Bohne
la haie — die Hecke

Weitere Veränderungen des Artikels → Regel 5, 21, 22

DAS MUSS MAN LERNEN

Abweichend vom Deutschen steht im Französischen der bestimmte Artikel		
– bei bestimmten Körperteilen	*Il a les cheveux bruns.* *Elle a les yeux bleus.*	Er hat dunkles Haar. Sie hat blaue Augen.
– bei Ausrufen	*Venez, les enfants!*	Kommt, Kinder!
– bei Länder-, Provinz- und einigen Inselnamen	*La France* *La Bourgogne* *La Corse*	Frankreich Burgund Korsika
– bei Himmelsrichtungen	*vers l'est*	gegen Osten
– bei Wochentagen und Tageszeiten, wenn damit eine Wiederholung ausgedrückt wird	*le lundi* *le soir*	montags, jeden Montag abends, jeden Abend
– bei verallgemeinernden Angaben über Gattungen, bei abstrakten Begriffen und Stoffen	*Les tigres sont dangereux.* *La musique embellit notre vie.* *Le lait est bon pour la santé.*	Tiger sind gefährlich. Musik verschönert unser Leben. Milch ist gut für die Gesundheit.
– bei festen Redewendungen wie	*avoir le temps* *arriver le premier*	Zeit haben als erster ankommen

Abweichend vom Deutschen steht im Französischen kein bestimmter Artikel		
– bei Monatsnamen	*Mai est le mois le plus doux ici.*	Der Mai ist hier der mildeste Monat.
– bei Wochentagen	*Dimanche est toujours gai.*	Der Sonntag ist immer lustig.
– bei Adressen	*J'habite rue Lacroix.*	Ich wohne in der Auenstraße.
– vor *saint*	*Saint Jacques*	der heilige Jakob
– vor bestimmten Redewendungen	*être d'avis* *tomber par terre* *tomber à genoux* *perdre patience* *perdre connaissance* *u. a.*	der Meinung sein auf die Erde fallen auf die Knie fallen die Geduld verlieren das Bewußtsein verlieren

BEACHTE:

Das grammatikalische Geschlecht eines Substantivs ist im Französischen und im Deutschen nicht immer gleich (z. B. der Mond – *la lune*). Hier hilft nur konsequentes Lernen der Substantive zusammen mit dem Artikel.

Der unbestimmte Artikel

Der unbestimmte Artikel lautet männlich *un* (1), weiblich *une* (2). Der unbestimmte Artikel lautet in der Mehrzahl männlich und weiblich gleich (3). Im Deutschen gibt es

	männlich		weiblich	
Einzahl	(1) *un tableau*	ein Bild	(2) *une table*	ein Tisch
Mehrzahl	*(3) des tableaux*	Bilder	(3) *des tables*	Tische

keine entsprechende Form. *Des* bleibt also unübersetzt. Im großen und ganzen wird *un/une* wie der deutsche unbestimmte Artikel gebraucht.

DAS MUSS MAN LERNEN

Im Französischen – steht der unbestimmte Artikel in folgenden Redewendungen:	*d'un ton sévère* *d'une beauté ravissante*	mit strengem Ton von verführerischer Schönheit
– steht *kein* (unbestimmter) Artikel bei Berufs- und Nationalitätsbezeichnungen:	*Il est mécanicien.* *Elle est Américaine.*	Er ist (ein) Mechaniker. Sie ist (eine) Amerikanerin.
Ausnahme: Ist das Subjekt jedoch *ce*, darf ein unbestimmter Artikel stehen:	*C'est un mécanicien.* *C'est une Américaine.*	Das ist ein Mechaniker. Das ist eine Amerikanerin.

Der unbestimmte Artikel in der Verneinung

REGEL 5

● In verneinten Sätzen verwandeln sich *un* und *une, du, de la, de l'* und *des* nach *pas* (oder *plus, jamais* etc.) zu *de* (1):

(1) *Je n'ai pas de voiture.*	Ich habe kein Auto.
Je n'achète plus de sel.	Ich kaufe kein Salz mehr.

AUSNAHME:

Ist das Verb des Satzes *être*, so bleibt auch im verneinten Satz der vollständige Artikel erhalten (2):

(2) *Ce ne sont pas des Allemands.*	Das sind keine Deutschen.

Der Teilungsartikel

Der Teilungsartikel ist eine Besonderheit der französischen Sprache. Er dient dazu, eine *unbestimmte Menge* eines Stoffes (z. B. Kaffee oder Mehl) oder einen abstrakten Begriff (z. B. Mut) auszudrücken.

Der Teilungsartikel lautet männlich *du* (1), weiblich *de la* (2), vor Substantiven, die mit Vokal beginnen, männlich und weiblich *de l'* (3):

männlich		weiblich	
(1) *du vin*	Wein	(2) *de la limonade*	Limonade
(1) *du courage*	Mut	(2) *de la peine*	Mühe, Sorge
(3) *de l'alcool*	Alkohol	(3) *de l'eau*	Wasser

REGEL 6

● Bei Stoffbezeichnungen (4) oder Abstrakta (5), die *nicht zählbar* sind und nur in der Einzahl existieren, steht im Französischen der Teilungsartikel:

(4) *Je voudrais du thé.*	Ich möchte Tee.
(5) *Il faut du courage.*	Man braucht Mut.

REGEL 7

● Man setzt den Teilungsartikel auch dann, wenn dem Substantiv ein Adjektiv vorausgeht (6):

(6) *du bon vin*	guter Wein
(6) *de la bonne confiture*	gute Konfitüre

BEACHTE:

Es gibt von verschiedenen Stoffen auch Mehrzahlformen. Diese drücken *Sorten* des betreffenden Stoffes aus (7):

(7) *Goûtez les vins de France.*	Probieren Sie die französischen Weine (Weinsorten).

Es gibt bei verschiedenen Stoffen auch die Möglichkeit, *un* oder *une* zu setzen; man meint dann eine *bestimmte* Menge (8):

(8) *Garçon, une bière, s.v.p.*	Herr Ober, bitte ein Bier.

Eine *bestimmte Menge* wird auch mit den Mengenangaben ausgedrückt. Es steht *de* ohne Teilungsartikel (9):

(9) *beaucoup de sucre*	viel Zucker

EBENSO:

peu de	wenig	*assez de*	genug	*trop de*	zuviel
tant de	soviel	*moins de*	weniger	*plus de*	mehr
un kilo de sel	1 kg Salz	*un litre de lait*	1 Liter Milch	*un verre de vin*	1 Glas Wein

AUSNAHME:

la plupart des Français	die Mehrheit der Franzosen
bien des gens	sehr viele Leute

DAS MUSS MAN LERNEN

Kein Teilungsartikel wird gesetzt:

– in festen Redewendungen wie:

avoir faim	Hunger haben	*avoir soif*	Durst haben
avoir peur	Angst haben	*avoir honte*	sich schämen
avoir pitié	Mitleid haben	*avoir sommeil*	müde sein
avoir envie	Lust haben	*avoir froid*	frieren
avoir chaud	schwitzen	*avoir besoin*	brauchen
avoir raison	recht haben	*avoir tort*	unrecht haben
prendre feu	Feuer fangen	*prendre garde*	sich hüten

– nach den Präpositionen *avec, sans, en, de* und *par*:

avec plaisir	gerne	*sans doute*	zweifellos
en bonnes mains	in guten Händen	*par coeur*	auswendig
		de France	aus Frankreich

– bei lebhaften Aufzählungen:

Qu'est-ce que je vous offre: café, thé ou chocolat?	Was darf ich Ihnen anbieten: Kaffee, Tee oder Kakao?

Das Substantiv

Das Geschlecht des Substantivs

Das Französische hat zwei grammatikalische Geschlechter: männlich und weiblich. Bei Personenbezeichnungen entspricht das grammatikalische Geschlecht meist deren natürlichem Geschlecht: *le garçon* – der Junge; *la femme* – die Frau.

Alle anderen Substantive (Hauptwörter) müssen immer mit ihrem Artikel (Geschlechtswort) gelernt werden.

Als Richtlinien zur Bestimmung des Geschlechts gelten:

REGEL 8

● *Männlich* sind die Jahreszeiten (*le printemps* – der Frühling), die Monate (*Mai est très doux.* – Der Mai ist sehr mild.) und die Wochentage (*un dimanche triste* – ein trauriger Sonntag).

REGEL 9

● *Weiblich* sind fast alle Ländernamen (*la France* – Frankreich).

AUSNAHMEN (u. a.):

le Portugal	Portugal
le Canada	Kanada
les Etats-Unis	die Vereinigten Staaten

REGEL 10

● Auch an den Endungen der Substantive läßt sich häufig das Geschlecht bestimmen:

REGEL 10a

● **Männlich sind Substantive auf:**

– age	*le garage*	die Garage
– ail	*le travail*	die Arbeit
– al	*le cheval*	das Pferd
– eau	*le bureau*	das Büro
– ège	*le privilège*	das Vorrecht
– ent	*l'argent*	das Geld
– et	*le filet*	das Netz
– ier	*l'épicier*	der Krämer
– isme	*le socialisme*	der Sozialismus
– oir	*le dortoir*	der Schlafsaal
– on	*le savon*	die Seife
– ment	*le document*	das Dokument

● **Weiblich sind Substantive auf**		
– ade	*la salade*	der Salat
– ance	*la balance*	die Waage
– aison	*la comparaison*	der Vergleich
– ence	*la diligence*	die Sorgfalt
– elle	*la semelle*	die Sohle
– esse	*la sagesse*	die Klugheit
– ette	*la fourchette*	die Gabel
– ion	*la situation*	die Lage
– ise	*la bêtise*	die Dummheit
– rie	*la boulangerie*	die Bäckerei
– son	*la chanson*	das Lied
– té	*la charité*	die Barmherzigkeit
– tié	*la pitié*	das Mitleid

REGEL 10b

AUSNAHME: Weiblich sind:

la page	die Seite	*la cage*	der Käfig
la plage	der Strand	*la rage*	die Wut
l'image	das Bild		
l'eau	das Wasser	*la peau*	die Haut

DAS MUSS MAN LERNEN

MERKE:

Folgende Substantive haben zwei Geschlechter und zwei Bedeutungen:

le garde	der Wächter	*la garde*	die Wache
le livre	das Buch	*la livre*	das Pfund
le manche	der Stiel	*la manche*	der Ärmel
le mode	die Weise	*la mode*	die Mode
le page	der Page	*la page*	die Seite
le poêle	der Ofen	*la poêle*	die Pfanne
le tour	die Fahrt	*la tour*	der Turm
le vapeur	der Dampfer	*la vapeur*	der Dampf
le vase	die Vase	*la vase*	der Schlamm
le voile	der Schleier	*la voile*	das Segel

DAS MUSS MAN LERNEN

Die Mehrzahlbildung des Substantivs

Man unterscheidet eine regelmäßige und eine unregelmäßige Mehrzahlbildung.

1. Die regelmäßige Mehrzahlbildung

REGEL 11

● Die Mehrzahl wird bei männlichen (1) und weiblichen (2) Substantiven durch Anhängung von *-s* gebildet.

le jardin	der Garten	(1)	*les jardins*	die Gärten
la fleur	die Blume	(2)	*les fleurs*	die Blumen

2. Die unregelmäßige Mehrzahlbildung

Es gibt folgendes bei der unregelmäßigen Mehrzahlbildung zu beachten:

REGEL 12

● Substantive, die auf *-s* (3), *-z* (4) oder *-x* (5) enden, erhalten in der Mehrzahl kein *-s* mehr:

(3) *le bras*	der Arm	*les bras*	die Arme
(4) *le nez*	die Nase	*les nez*	die Nasen
(5) *la croix*	das Kreuz	*les croix*	die Kreuze

REGEL 13

● Substantive, die auf *-au* (6), *-eau* (7), *-eu* (8) und *-oeu* (9) enden, bilden die Mehrzahl mit *-x*:

(6) *le tuyau*	die Röhre	*les tuyaux*	die Röhren
(7) *le bureau*	das Büro	*les bureaux*	die Büros
(8) *le jeu*	das Spiel	*les jeux*	die Spiele
(9) *le voeu*	das Gelübde	*les voeux*	die Wünsche

AUSNAHME:

le pneu	der Reifen	*les pneus*	die Reifen

REGEL 14

● Substantive auf *-al* (10) bilden die Mehrzahl auf *-aux*:

(10) *le tribunal*	das Tribunal	*les tribunaux*	die Tribunale

AUSNAHMEN:

le bal	der Ball	*les bals*	die Bälle
le carnaval	der Karneval	*les carnavals*	die Karnevale
le festival	das Festival	*les festivals*	die Festivals

REGEL 15

● Substantive auf *-ail* bilden die Mehrzahl
– teils mit *-s* (11):

(11) *le rail*	die Schiene	*les rails*	die Schienen
(11) *le portail*	das Tor	*les portails*	die Tore

– teils mit -aux (12):

(12) *le travail*	die Arbeit	*les travaux*	die Arbeiten
(12) *l'émail*	das Emaille	*les émaux*	die Emaille-arbeiten

REGEL 16

● Substantive auf *-ou* bilden die Mehrzahl
– teils mit *-s* (13):

(13) *le clou*	der Nagel	*les clous*	die Nägel
(13) *le cou*	der Hals	*les cous*	die Hälse
(13) *le fou*	der Narr	*les fous*	die Narren
(13) *le trou*	das Loch	*les trous*	die Löcher

– teils mit *-x* (14):

(14) *le bijou*	das Juwel	*les bijoux*	die Juwelen
(14) *le chou*	der Kohl	*les choux*	die Kohlköpfe
(14) *le genou*	das Knie	*les genoux*	die Knie

MERKE:

DAS MUSS MAN LERNEN

● Folgende Substantive haben eine völlig unregelmäßige Mehrzahlbildung (15):

un oeil	ein Auge	*les yeux*	die Augen
Monsieur/Madame		Anrede (Einzahl)	
Messieurs/Mesdames		Anrede (Mehrzahl)	

● Eigennamen erhalten in der Regel kein *-s*: *les Dupont* (heute auch *les Duponts* möglich).

● Einige Substantive existieren nur in der Mehrzahl, z. B. *les ciseaux* – die Schere, *les lunettes* – die Brille.

3. Die Mehrzahlbildung bei zusammengesetzten Substantiven mit Bindestrich

REGEL 17

● Bei Zusammensetzungen, die aus zwei Substantiven (1), aus zwei Adjektiven (2), aus einem Substantiv und einem Adjektiv (3) bestehen, erhalten beide Wortteile eine Mehrzahlendung:

(1) *le chef-lieu*	die Bezirkshauptstadt	*les chefs-lieux*	die Bezirkshauptstädte
(2) *le dernier-né*	der Letztgeborene	*les derniers-nés*	die Letztgeborenen
(3) *le grand-père*	der Großvater	*les grands-pères*	die Großväter

REGEL 18

● Bei Zusammensetzungen, die aus einem Verb und einem Substantiv (4) bestehen, erhält nur das Substantiv eine Mehrzahlendung:

(4) *l'abat-jour*	der Lampenschirm	*les abat-jours*	die Lampenschirme

REGEL 19

● Bei Zusammensetzungen aus zwei Verben oder anderen Wortarten gibt es keine Mehrzahlendung (5):

(5) *le/les laissez-passer* der/die Passierschein/e

Die Deklination des Substantivs

Das Substantiv wird im Französischen nicht gebeugt. Die verschiedenen Fälle werden durch ihre Stellung im Satz oder durch eine Präposition gekennzeichnet.

REGEL 20

● Der 1. Fall steht vor dem 4. und 3. Fall (6):

(6) *Philippe écrit une lettre à son amie.*	Philippe schreibt seiner Freundin einen Brief.

REGEL 21

● Der 2. Fall entspricht im Französischen einer Konstruktion mit *de*:

de + le	→ du	(7)
de + la	→ de la	(8)
de + l'	→ de l'	(9)
de + les	→ des	(10)

(7) *la clé du concierge*	der Schlüssel des Hausmeisters
(8) *la chambre de la cuisinière*	das Zimmer der Köchin
(9) *l'intention de l'industrie*	die Absicht der Industrie
(10) *le vote des députés*	die Wahl der Abgeordneten

REGEL 22

● Der 3. Fall entspricht im Französischen einer Konstruktion mit *à*:

à + le	→ au	(11)
à + la	→ à la	(12)
à + l'	→ à l'	(13)
à + les	→ aux	(14)

(11) *Elle écrit au patron.*	Sie schreibt dem Chef.
(12) *Donne-le à la marchande.*	Gib es der Händlerin.
(13) *Il écrit à l'oncle.*	Er schreibt dem Onkel.
(14) *Paris plaît aux touristes.*	Paris gefällt den Touristen.

Das Adjektiv (Eigenschaftswort) beschreibt eine Eigenschaft des Substantivs, zu dem es gehört.

REGEL 23

● Das Adjektiv richtet sich in *Geschlecht* und *Zahl* immer nach dem Substantiv, zu dem es gehört (1):

(1) Voilà ma jolie robe.	Da ist mein hübsches Kleid.
(1) Regarde ces jolies lampes.	Schau diese hübschen Lampen an.

Zur Bildung der weiblichen Form und der Mehrzahl → Regeln 25 und 26.

REGEL 24

● Das Adjektiv kann auch vom Substantiv getrennt stehen, meist nach den Verben *être* (sein), *sembler/paraître* (scheinen). Auch dann wird es in *Geschlecht* und *Zahl* dem Substantiv angeglichen, zu dem es gehört (2):

(2) Sa maison est belle.	Sein Haus ist schön.
(2) Elle semble inquiète.	Sie scheint beunruhigt zu sein.

Das Geschlecht des Adjektivs

Man unterscheidet zwischen Adjektiven, die je eine männliche und weibliche Form haben, und Adjektiven, deren männliche und weibliche Form identisch sind.

1. Die Bildung der weiblichen Form

REGEL 25

● Die weibliche Form der meisten Adjektive wird mit der Endung *-e* gebildet (3):

(3) *joli/jolie* – hübsch; *bleu/bleue* – blau

Dabei kommt es zu folgenden Veränderungen in Aussprache und Schreibung:

REGEL 25a

● Der letzte Konsonant wird in der weiblichen Form ausgesprochen (4):

(4) *vert – verte* – grün
(4) *gris – grise* – grau

REGEL 25b

● Die Aussprache der letzten Silbe verändert sich (5): die Nasalierung wird aufgehoben:

(5) *fin – fine* – fein

REGEL 25c

● Der Endkonsonant verdoppelt sich:

el	–	*elle*	*cruel*	–	*cruelle*	grausam
eil	–	*eille*	*pareil*	–	*pareille*	gleich
en	–	*enne*	*moyen*	–	*moyenne*	durchschnittlich
on	–	*onne*	*mignon*	–	*mignonne*	hübsch
s	–	*sse*	*gras*	–	*grasse*	fett
t	–	*tte*	*sot*	–	*sotte*	dumm
et	–	*ette*	*cadet*	–	*cadette*	jünger

AUSNAHMEN:

complet	–	*complète*	vollständig
discret	–	*discrète*	diskret
inquiet	–	*inquiète*	beunruhigt
secret	–	*secrète*	geheim

REGEL 25d

● Der Endkonsonant verwandelt sich:

f	–	*ve*	*actif*	–	*active*	aktiv
x	–	*se*	*heureux*	–	*heureuse*	glücklich

ABER:

doux/douce – sanft; *faux/fausse* – falsch;
roux/rousse –rothaarig

c	–	*que*	*public*	–	*publique*	öffentlich

ABER:

grec/grecque – griechisch; *blanc/blanche* – weiß; *franc/franche* – offen; *sec/sèche* – trocken

teur	–	*trice*	*consolateur*	–	*consolatrice*	tröstend

eur	–	*euse*	*trompeur*	–	*trompeuse*	täuschend

ABER:

Bei Adjektiven, die von lateinischen Steigerungsformen abstammen, wird an *eur* zur Bildung der weiblichen Form ein *-e* angehängt (6):

(6) *antérieur,e* (frühere,r); *extérieur,e* (äußere,r); *majeur,e* (mündig); *mineur,e* (minderjährig)

Folgende Adjektive haben Sonderformen:			
aigu	–	*aiguë*	spitz
ambigu	–	*ambiguë*	zweideutig
frais	–	*fraîche*	frisch
malin	–	*maligne*	bösartig
bénin	–	*bénigne*	gutartig
favori	–	*favorite*	bevorzugt
long	–	*longue*	lang

DAS MUSS MAN LERNEN

2. Adjektive mit identischer weiblicher und männlicher Form

Es gibt eine Reihe von Adjektiven, bei denen die männliche und die weibliche Form identisch sind. Diese Adjektive enden in der männlichen Form bereits auf *-e*:

jaune	gelb	*triste*	traurig
rouge	rot	*utile*	nützlich
jeune	jung	*digne*	würdig
brave	tapfer	*difficile*	schwierig
etc.			

3. Adjektive mit zwei männlichen Formen

Einige Adjektive haben *zwei* männliche Formen in der Einzahl, wenn sie vor einem männlichen Substantiv stehen, das mit Vokal (1) oder stummem 'h' (2) beginnt:

(1) *un bel arbre* — ein schöner Baum
(2) *un bel hôtel* — ein schönes Hotel

ABER:

un beau garçon; une belle robe

EBENSO:

fou/fol – folle (verrückt); *mou/mol – molle* (weich); *nouveau/nouvel – nouvelle* (neu); *vieux/vieil – vieille* (alt)

Die Mehrzahlbildung des Adjektivs

REGEL 26

● Die Mehrzahl des Adjektivs wird durch Anhängung der Endung *-s* an die männliche oder weibliche Form gebildet (1):

(1) *un anorak bleu* — *des anoraks bleus*
(1) *une table ronde* — des tables rondes

REGEL 27

● Endet die männliche Einzahlform auf *-s* (2) oder *-x* (3), so wird bei der männlichen Mehrzahl kein *-s* mehr hinzugefügt. Die weibliche Mehrzahlform erhält dagegen ein *-s* (4):

(2) *des manteaux gris*	graue Mäntel
(3) *des vieux vélos*	alte Fahrräder
(4) *des jupes grises*	graue Röcke

REGEL 28

● Bezieht ein Adjektiv sich auf mehrere Substantive *gleichen* Geschlechts, so steht das Adjektiv in der Mehrzahlform dieses Geschlechts (5):

(5) *un camion et un vélo neufs*	ein neuer Lastwagen und ein neues Fahrrad

REGEL 29

● Bezieht ein Adjektiv sich auf mehrere Substantive *verschiedenen* Geschlechts, so steht das Adjektiv in der männlichen Mehrzahlform (6):

(6) *une voiture et un camion allemands*	ein deutsches Auto und ein deutscher Lastwagen

Die Stellung des Adjektivs

REGEL 30

● Die überwiegende Zahl der Adjektive steht *nach* dem Substantiv, manche Adjektive können jedoch auch vorgestellt werden. Dabei ändert sich jedoch der Aussagewert des Adjektivs:

REGEL 30a

● Steht das Adjektiv *nach* dem Substantiv, so behält es seine ursprüngliche Bedeutung (1):

(1) *un savant célèbre*	ein berühmter Wissenschaftler

REGEL 30b

● Steht das Adjektiv *vor* dem Substantiv, so ist es gefühlsbeladen oder dient ironischem Gebrauch (2):

(2) *le célèbre gangster*	der „berühmte" Gangster (= berüchtigt)

DAS MUSS MAN LERNEN

Folgende kurze und häufig gebrauchte Adjektive stehen immer *vor* dem Substantiv:

grand	groß	*petit*	klein
jeune	jung	*vieux*	alt
bon	gut	*mauvais*	schlecht
joli	hübsch	*beau*	schön
haut	hoch	*long*	lang

Nach dem Substantiv stehen:

DAS MUSS MAN LERNEN

– Farben (3) und Formen (4):

(3) *un pantalon noir*	eine schwarze Hose
(4) *une table ronde*	ein runder Tisch

– Nationalitäten (5), politische (6) oder religiöse (7) Bezeichnungen:

(5) *trois touristes anglais*	drei englische Touristen
(6) *le parti socialiste*	die sozialistische Partei
(7) *l'église catholique*	die katholische Kirche

– körperliche Eigenschaften (8):

(8) *un visage laid*	ein häßliches Gesicht

– Adjektive, die aus Partizipien hergeleitet sind (9), und Adjektive, die durch eine Ergänzung erweitert sind (10):

(9) *une femme charmante*	eine charmante Frau
(10) *un homme fier de sa famille*	ein auf seine Familie stolzer Mann

Folgende Adjektive können *vor* oder *nach* dem Substantiv stehen und ändern dabei ihre Bedeutung:

DAS MUSS MAN LERNEN

	vor dem Substantiv	nach dem Substantiv
ancien	ehemalig	alt
brave	ordentlich	tapfer
cher	lieb	teuer
nouveau	neu	neuartig
pauvre	arm	bedürftig
propre	eigen	sauber

Die Steigerung des Adjektivs

1. Die Formen

Grundform		Komparativ 1. Steigerungsstufe		Superlativ 2. Steigerungsstufe
moderne	modern	*plus moderne*	moderner	*le/la/les plus moderne(s)* der, die modernste(n)
Daneben gibt es im Französischen noch eine Steigerung mit *moins:*				
grand	groß	*moins grand*	weniger groß	*le/la/les moins grand,e(s)* der, die kleinste(n)

REGEL 31a + b

- Der Komparativ wird mit *plus* oder *moins* gebildet.
- Der Superlativ wird mit *le/la/les plus* oder *le/la/les moins* gebildet.

DAS MUSS MAN LERNEN

Folgende Adjektive haben eine *unregelmäßige* Steigerung:

bon	gut	*meilleur,e*	besser	*le/la/les meilleur,e(s)*	der, die beste(n)
mauvais ABER: *mauvais*	schlimm schlecht	*pire* *plus mauvais*	schlimmer schlechter	*le/la/les pire(s)* *le/la/les plus mauvais,e (s)*	der, die schlimmste(n) der, die schlechteste(n)
petit ABER: *petit*	gering klein	*moindre* *plus petit*	geringer kleiner	*le/la/les moindre(s)* *le/la/les plus petit,e(s)*	der, die geringste(n) der, die kleinste(n)

2. Die Stellung der Steigerungsformen

REGEL 32

- Der Superlativ kann *vor* (1) oder *nach* (2) dem Substantiv stehen, je nachdem, zu welcher Gruppe das Adjektiv gehört (vgl. Regel 30 ff.):

(1) *le plus beau souvenir* — das schönste Andenken
(2) *les souvenirs les plus agréables* — die angenehmsten Erinnerungen

REGEL 33

- Tritt ein besitzanzeigendes Fürwort hinzu, so steht der Superlativ entweder mit dem Fürwort *vor* (3) oder mit dem bestimmten Artikel *nach* (4) dem Substantiv:

(3) *Voilà ma plus belle robe.* — Hier ist mein schönstes Kleid.
(4) *C'est son livre le plus moderne.* — Das ist sein modernstes Buch.

REGEL 34

- Bei *à* (5) oder *de* (6) wird der bestimmte Artikel wiederholt:

(5) *Ce vélo appartient au garçon le plus âgé.* — Dieses Fahrrad gehört dem ältesten Jungen.
(6) *Voilà le livre de l'auteur le plus intéressant.* — Hier ist das Buch des interessantesten Autors.

Der Vergleich des Adjektivs

REGEL 35

● Der Vergleich wird gebildet mit:	
– *que* *Paul est plus grand que Louis.*	als Paul ist größer als Louis.
– *aussi ... que* *Sylvie est aussi charmante que Chantal.*	genauso ... wie Sylvie ist genauso charmant wie Chantal.
– *ne ... pas si (aussi) ... que* *Mireille n'est pas si gentille que sa soeur.*	nicht so ... wie Mireille ist nicht so nett wie ihre Schwester.

Das Adverb

Man unterscheidet Adverbien (Umstandswörter) der Art und Weise (*bien* – gut), der Zeit (*hier* – gestern), des Ortes (*ici* – hier), des Grades (*trop* – zuviel) und der Kommentierung (*naturellement* – natürlich).

Das Adverb dient zur näheren Bestimmung

eines Verbs (1), eines Adjektivs (2), eines Adverbs (3) oder zur Kommentierung eines ganzen Satzes (4):

(1) *Il me regarde curieusement.*	Er schaut mich neugierig an.
(2) *Il est très méchant.*	Er ist sehr böse.
(3) *Tu as très bien travaillé.*	Du hast sehr gut gearbeitet.
(4) *Heureusement, j'avais de l'argent sur moi.*	Glücklicherweise hatte ich Geld bei mir.

Die Formen des Adverbs

Man unterscheidet ursprüngliche Adverbien, d. h. Adverbien, die nicht von einem Adjektiv abgeleitet sind (*bien* – gut, *vite* – schnell), Adverbien, die von einem Adjektiv abgeleitet sind (*clairement* – deutlich), als Adverb verwendete Adjektive (*payer cher* – teuer bezahlen) und adverbiale Wendungen (*d'un ton sévère* –streng).

1. Die abgeleiteten Adverbien

REGEL 36

● Man leitet ein Adverb von einem Adjektiv ab, indem man an die weibliche Form die Endung *-ment* hängt (1):

(1) *sérieuse*	–	*sérieusement*	ernst
(1) *franche*	–	*franchement*	offen

REGEL 37

● Bei Adjektiven, die auf *-e* enden, wird die Endung *-ment* an diese Form angehängt (2):

(2) *facile*	–	*facilement*	leicht
(2) rare	–	*rarement*	selten

REGEL 38

● Bei Adjektiven, die auf betontem Vokal enden, wird das Adverb aus der männlichen Form gebildet (3):

(3) *vrai*	–	*vraiment*	wirklich
(3) *poli*	–	*poliment*	höflich

REGEL 39

● Von Partizipien (Mittelwörtern) abgeleitete Adverbien hängen die Endung *-ment* ebenfalls an die männliche Form an (4):

(4) *décidé*	–	*décidément*	entschlossen
(4) *aveuglé*	–	*aveuglément*	blindlings

BEACHTE:

In folgenden Fällen wird der Ausfall des *-e* durch einen *accent circonflexe* angezeigt (5):

(5) *dû*	–	*dûment*	gebührend
(5) *gai*	–	*gaîment*	lustig
(5) *assidu*	–	*assidûment*	emsig

MERKE:

Die meisten Adjektive auf *-ant* und *-ent* bilden das Adverb auf *-amment* (6) bzw. *-emment* (7):

(6) *constant*	–	*constamment*	beständig
(6) *bruyant*	–	*bruyamment*	lärmend
(7) *évident*	–	*évidemment*	offensichtlich
(7) *prudent*	–	*prudemment*	besonnen

ABER:

présent	–	*présentement*	gegenwärtig
lent	–	*lentement*	langsam
véhément	–	*véhémentement*	heftig

Folgende Adverbien werden unregelmäßig gebildet:

DAS MUSS MAN LERNEN

commode	–	*commodément*	bequem
commun	–	*communément*	gewöhnlich
conforme	–	*conformément*	entsprechend
confus	–	*confusément*	verwirrt
énorme	–	*énormément*	äußerst
exprès	–	*expressément*	ausdrücklich
obscur	–	*obscurément*	dunkel
impuni	–	*impunément*	ungestraft
précis	–	*précisément*	genau
profond	–	*profondément*	tief
gentil	–	*gentiment*	nett
grave	–	*1. gravement*	ernst
		2. grièvement	– (verletzt)
bon	–	*bien*	gut
mauvais	–	*mal*	schlecht
meilleur	–	*mieux*	besser

2. Als Adverbien verwendete Adjektive

Bei folgenden Redewendungen steht statt eines Adverbs ein Adjektiv:

DAS MUSS MAN LERNEN

acheter/vendre cher	teuer kaufen/verkaufen
coûter cher	teuer sein
chanter juste/faux	richtig/falsch singen
voler haut/bas	hoch/tief fliegen
parler haut/bas	laut/leise sprechen
sentir bon/mauvais	gut/schlecht riechen
peser lourd	schwer wiegen
voir clair	klar sehen
tenir bon	standhalten

3. Adverbiale Wendungen

Gelegentlich werden Adverbien durch folgende adverbiale Wendungen ersetzt:

d'un air (attentif)	aufmerksam
d'un ton (agressif)	aggressiv
d'une manière (galante)	galant
avec (prudence)	vorsichtig

Die Steigerung und der Vergleich des Adverbs

REGEL 40

● Das Adverb wird – wie das Adjektiv – mit *plus* oder *moins* gesteigert:

Steigerung des Adverbs

Grundform	Komparativ 1. Steigerungsstufe	Superlativ 2. Steigerungsstufe
franchement offen	*plus franchement* offener	*le plus franchement* am offensten
lentement langsam	*moins lentement* weniger langsam	*le moins lentement* am wenigsten langsam

DAS MUSS MAN LERNEN

Folgende Adverbien haben unregelmäßige Steigerungsformen:

beaucoup (viel)	– *plus*	– *le plus*
peu (wenig)	– *moins*	– *le moins*
bien (gut)	– *mieux*	– *le mieux*
mal (schlecht)	– *plus mal*	– *le plus mal*
mal (schlimm)	– *pis*	– *le pis*

REGEL 41

● Der Vergleich wird wie beim Adjektiv mit *aussi ... que* (1) und *ne pas ... aussi ... que* (2) gebildet:

(1) *Il marche aussi vite que les autres.*	Er geht ebenso schnell wie die anderen.
(2) *Tu ne travailles pas aussi bien que lui.*	Du arbeitest nicht so gut wie er.

Die Stellung des Adverbs

Je nach der Kategorie, zu der das Adverb gehört, steht es im Satz an einer bestimmten Stelle:

REGEL 42

● Die ursprünglichen Adverbien stehen bei einfachen Zeiten (z. B. Présent, Imparfait etc.) *nach* dem Verb (1):

(1) *Ils parlaient vite.*	Sie sprachen schnell.

REGEL 43

● Sie stehen *vor* dem Infinitiv (2) und bei den zusammengesetzten Zeiten *vor* dem Partizip (3):

(2) *Il voulait bien dormir.*	Er wollte gut schlafen.
(3) *J'ai mal réagi.*	Ich habe schlecht reagiert.

REGEL 44

● Die abgeleiteten Adverbien stehen bei einfachen Zeiten (4) und beim Infinitiv (5) *nach* dem Verb:

(4) *Elle me regardait curieusement.*	Sie schaute mich neugierig an.
(5) *Il semblait dormir profondément.*	Er schien tief zu schlafen.

Die Hilfsverben

1. avoir und être (Übersicht)

Présent (Gegenwart)

j'ai (ich habe)	*je suis* (ich bin)
tu as	*tu es*
il a	*il est*
nous avons	*nous sommes*
vous avez	*vous êtes*
ils ont	*ils sont*

Imparfait (1. Vergangenheit)

j'avais (ich hatte)	*j'étais* (ich war)
tu avais	*tu étais*
il avait	*il était*
nous avions	*nous étions*
vous aviez	*vous étiez*
ils avaient	*ils étaient*

Passé Composé (2. Vergangenheit)

j'ai eu (ich habe gehabt)	*j'ai été* (ich bin gewesen)
tu as eu	*tu as été*
il a eu	*il a été*
nous avons eu	*nous avons été*
vous avez eu	*vous avez été*
ils ont eu	*ils ont été*

Plus-que-parfait (3. Vergangenheit)

j'avais eu (ich hatte gehabt)	*j'avais été* (ich war gewesen)
tu avais eu	*tu avais été*
il avait eu	*il avait été*
nous avions eu	*nous avions été*
vous aviez eu	*vous aviez été*
ils avaient eu	*ils avaient été*

Passé Simple

J'eus (ich hatte)	*je fus* (ich war)
tu eus	*tu fus*
il eut	*il fut*
nous eûmes	*nous fûmes*
vous eûtes	*vous fûtes*
ils eurent	*ils furent*

Passé Antérieur

j'eus eu (ich hatte gehabt)	*j'eus été* (ich war gewesen)
tu eus eu	*tu eus été*
il eut eu	*il eut été*
nous eûmes eu	*nous eûmes été*
vous eûtes eu	*vous eûtes été*
ils eurent eu	*ils eurent été*

Futur I (Zukunft)

j'aurai (ich werde haben)	*je serai* (ich werde sein)
tu auras	*tu seras*
il aura	*il sera*
nous aurons	*nous serons*
vous aurez	*vous serez*
ils auront	*ils seront*

Futur II (vollendete Zukunft)

j'aurai eu (ich werde gehabt haben)	*j'aurai été* (ich werde gewesen sein)
tu auras eu	*tu auras été*
il aura eu	*il aura été*
nous aurons eu	*nous aurons été*
vous aurez eu	*vous aurez été*
ils auront eu	*ils auront été*

Conditionnel I

J'aurais (ich hätte)	*je serais* (ich wäre)
tu aurais	*tu serais*
il aurait	*il serait*
nous aurions	*nous serions*
vous auriez	*vous seriez*
ils auraient	*ils seraient*

Conditionnel II

j'aurais eu (ich hätte gehabt)	*j'aurais été* (ich wäre gewesen)
tu aurais eu	*tu aurais été*
il aurait eu	*il aurait été*
nous aurions eu	*nous aurions été*
vous auriez eu	*vous auriez été*
ils auraient eu	*ils auraient été*

Subjonctif I (Möglichkeitsform)
Présent (Gegenwart)

que j'aie (daß ich habe)	*que je sois* (daß ich sei)
que tu aies	*que tu sois*
qu'il ait	*qu'il soit*
que nous ayons	*que nous soyons*
que vous ayez	*que vous soyez*
qu'ils aient	*qu'ils soient*

Subjonctif II
Imparfait (1. Vergangenheit)

que j'eusse (daß ich hätte)	*que je fusse* (daß ich wäre)
que tu eusses	*que tu fusses*
qu'il eût	*qu'il fût*
que nous eussions	*que nous fussions*
que vous eussiez	*que vous fussiez*
qu'ils eussent	*qu'ils fussent*

Subjonctif passé

que j'aie eu (daß ich gehabt habe)	*que j'aie été* (daß ich gewesen sei)
que tu aies eu	*que tu aies été*
qu'il ait eu	*qu'il ait été*
etc.	etc.

Subjonctif plus-que-parfait

que j'eusse eu (daß ich gehabt hätte)	*que j'eusse été* (daß ich gewesen wäre)
que tu eusses eu	*que tu eusses été*
qu'il eût eu	*qu'il eût été*
etc.	etc.

Infinitiv (Grundform) Gegenwart

avoir (haben) *être* (sein)

Infinitiv Vergangenheit

avoir eu (gehabt haben) *avoir été* (gewesen sein)

Imperativ (Befehl)

aie (habe)	*sois* (sei)
ayons (haben wir)	*soyons* (seien wir)
ayez (habt)	*soyez* (seid)

Participe Présent
(Mittelwort der Gegenwart)

ayant (habend) *étant* (seiend)

Participe Passé
(Mittelwort der Vergangenheit)

ayant eu (gehabt habend) *ayant été* (gewesen seiend)

Der Gebrauch von avoir und être

Avoir und être bei der Bildung der Zeiten

Zur Bildung der zusammengesetzten Zeiten (z. B. Passé Composé, Conditionnel II, Futur II etc.) benötigt man die Hilfsverben.

● Der überwiegende Teil der französischen Verben bildet die zusammengesetzten Zeiten mit den entsprechenden Formen des Hilfsverbes *avoir*. **REGEL 45**

● Mit *être* werden dagegen gebildet: **REGEL 46a**

– die reflexiven Verben (1):

(1) *Je ne me suis pas ennuyé du tout.*	Ich habe mich überhaupt nicht gelangweilt.

– folgende Verben:

aller	gehen, fahren	*naître*	geboren werden
arriver	ankommen	*partir*	weg-, abfahren
décéder	sterben	*retourner*	wiederkehren
demeurer	bleiben	*rester*	bleiben
		tomber	fallen
descendre	hinabsteigen, aussteigen	*venir*	kommen
entrer	hineingehen	*parvenir*	gelangen
monter	hinaufsteigen, einsteigen	*revenir*	zurückkommen
mourir	sterben	*devenir*	werden
etc.			

● Bei diesen Verben wird das Participe Passé dem Subjekt in *Geschlecht* und *Zahl* angeglichen (2): **REGEL 46b**

(2) *Nadine est allée à Nancy.*	Nadine ist nach Nancy gefahren.

AUSNAHME:

Einige dieser Verben (*monter, descendre, sortir*) können auch mit *avoir* gebraucht werden. Das Participe Passé bleibt dann *unverändert*. Die Verben ändern jedoch ihre Bedeutung:

Nous sommes montés dans la voiture.	Wir sind ins Auto **gestiegen**.	*Tu as monté le thé?*	Hast du den Tee **hinaufgebracht?**
Mme Duval est descendue chez le concierge.	Frau Duval ist zum Hausmeister **hinuntergegangen.**	*J'ai descendu les valises.*	Ich habe die Koffer **hinuntergebracht.**
Hier, je suis sorti avec une belle fille.	Gestern bin ich mit mit einem hübschen Mädchen **ausgegangen**.	*Brigitte a sorti la clé de son sac.*	Brigitte hat den Schlüssel aus ihrer Tasche **gezogen**.

Etre beim Passiv

REGEL 47

● Sämtliche Formen des Passivs werden mit *être* gebildet. Dabei wird das Participe Passé in *Geschlecht* und *Zahl* dem Subjekt angeglichen (1):

(1) *Toute la famille a été invitée.*	Die ganze Familie ist eingeladen worden.

2. Andere Hilfsverben

Neben *être* und *avoir* gibt es noch andere Verben, die als Hilfsverben verwendet werden, zum Beispiel:

aller faire qch. – etwas tun werden

Mit dieser Konstruktion kann man die *nahe Zukunft* (1) oder eine *Absicht* (2) ausdrücken:

(1) *Cet été je vais aller à Cannes.*	Diesen Sommer werde ich nach Cannes fahren.
(2) *Je vais vendre cette voiture.*	Dieses Auto werde ich (= beabsichtige ich zu) verkaufen.

EBENSO:

venir de faire qch. – etw. soeben getan haben; *être en train de faire qch.* – dabei sein, etw. zu tun; *faillir faire qch.* – etw. beinahe tun; *manquer de faire qch.* – etw. beinahe tun; *venir faire qch.* – kommen, um etw. zu tun; *venir à faire qch.* – etw. zufällig tun; *être sur le point de faire qch.* – daran sein, etw. zu tun; *devoir, pouvoir, vouloir faire qch.* – etw. tun müssen, können, wollen.

Die Vollverben

1. Die Verben auf -er

Stamm – Endung
nous parl – ons

Présent (Gegenwart)

je parl-e (ich spreche)
tu parl-es
il parl-e
nous parl-ons
vous parl-ez
ils parl-ent

Imparfait (1. Vergangenheit)

je parl-ais (ich sprach)
tu parl-ais
il parl-ait
nous parl-ions
vous parl-iez
ils parl-aient

Passé Composé (2. Vergangenheit)

j'ai parl-é (ich habe gesprochen)
ils ont parl-é
(→ Konjugation *avoir*, Seite 27 f.)

Plus-que-parfait (3. Vergangenheit)

j'avais parl-é (ich hatte gesprochen)
ils avaient parl-é

Passé Simple

Je parl-ai (ich sprach)
tu parl-as
il parl-a
nous parl-âmes
vous parl-âtes
ils parl-èrent

Passé Antérieur

j'eus parlé (ich hatte gesprochen)
tu eus parlé
il eut parlé
nous eûmes parlé
vous eûtes parlé
ils eurent parlé

Futur I (Zukunft)

je parler-ai (ich werde sprechen)
tu parler-as
il parler-a
nous parler-ons
vous parler-ez
ils parler-ont

Futur II (vollendete Zukunft)

j'aurai parlé (ich werde gesprochen haben)
tu auras parlé
il aura parlé
nous aurons parlé
vous aurez parlé
ils auront parlé

Conditionnel I

je parler-ais (ich würde sprechen)
tu parler-ais
il parler-ait
nous parler-ions
vous parler-iez
ils parler-aient

Conditionnel II

j'aurais parlé (ich hätte gesprochen)
tu aurais parlé
il aurait parlé
nous aurions parlé
vous auriez parlé
ils auraient parlé

Subjonctif I (Möglichkeitsform)
Présent (Gegenwart)

que je parl-e (daß ich spreche)
que tu parl-es
qu'il parl-e
que nous parl-ions
que vous parl-iez
qu'ils parl-ent

Subjonctif II
Imparfait (1. Vergangenheit)

que je parl-asse (daß ich spräche)
que tu parl-asses
qu'il parl-ât
que nous parl-assions
que vous parl-assiez
qu'ils parl-assent

Subjonctif Passé

que j'aie parlé (daß ich gesprochen habe)
que tu aies parlé
etc.

Subjonctif Plus-que-parfait

que j'eusse parlé (daß ich gesprochen hätte)
que tu eusses parlé
etc.

Infinitiv (Grundform) Gegenwart

parl-er (sprechen)

Infinitiv Vergangenheit

avoir parl-é (gesprochen haben)

Imperativ (Befehlsform)

parl-e (sprich)
parl-ons (sprechen wir)
parl-ez (sprecht)

Participe Présent
(Mittelwort der Gegenwart)

parl-ant (sprechend)

Participe Passé
(Mittelwort der Vergangenheit)

ayant parlé (gesprochen habend)

REGEL 48

● Bei den Verben auf *-cer* verwandelt sich das *c* vor *a* und *o* zu *ç* (1):

(1) *je commence* — ich fange an
nous commençons — wir fangen an

EBENSO:

annoncer (ankündigen); *placer* (setzen, stellen, legen); *avancer* (vorwärtsschreiten); *prononcer* (aussprechen); *menacer* (bedrohen) etc.

REGEL 49

● Bei den Verben auf *-ger* verwandelt sich das *g* vor *a* und *o* zu *ge* (2):

(2) *je mange* — ich esse
nous mangeons — wir essen

EBENSO:

diriger (lenken); *partager* (teilen); *s'engager* (sich verpflichten); *plonger* (tauchen) etc.

● Bei den Verben des Typs *nettoyer* (reinigen) verwandelt sich das *y* in der 1. Person, 2. Person, 3. Person Einzahl und in der 3. Person Mehrzahl zu *i* (3):

REGEL 50

(3) *je nettoie*	*tu nettoies*	*il nettoie*
nous nettoyons	*vous nettoyez*	*ils nettoient*

EBENSO:

essayer (versuchen); *envoyer* (schicken); *employer* (gebrauchen); *payer* (zahlen) etc.

● Bei den Verben des Typs *lever* (heben) wird in der 1. Person, 2. Person, 3. Person Einzahl und in der 3. Person Mehrzahl ein *accent grave* gesetzt (4):

REGEL 51

(4) *je lève*	*nous levons*
tu lèves	*vous levez*
il lève	*ils lèvent*

EBENSO:

acheter (kaufen); *mener* (führen); *achever* (erreichen); *geler* (gefrieren) etc.

● Bei den Verben des Typs *jeter* (werfen) verdoppelt sich der letzte Konsonant des Stammes in der 1. Person, 2. Person, 3. Person Einzahl und in der 3. Person Mehrzahl (5):

REGEL 52

(5) *je jette*	*tu jettes*	*il jette*
nous jetons	*vous jetez*	*ils jettent*

EBENSO:

épeler (buchstabieren); *appeler* (nennen); *feuilleter* (blättern) etc.

● Bei den Verben des Typs *répéter* (wiederholen) wird in der 1. Person, 2. Person, 3. Person Einzahl und in der 3. Person Mehrzahl ein *accent grave* gesetzt (6):

REGEL 53

(6) *je répète*	*tu répètes*	*il répète*
nous répétons	*vous répétez*	*ils répètent*

EBENSO:

préférer (vorziehen); *posséder* (besitzen); *espérer* (hoffen); *révéler* (enthüllen) etc.

2. Die Verben auf -ir

Der Typ finir

REGEL 54

● Diese Verben haben in der Mehrzahl des Présent (Gegenwart) eine sogenannte *Stammerweiterung* auf *-iss*, die auch im Imparfait (1. Vergangenheit) und im Participe Présent (Mittelwort der Gegenwart) weiterbesteht:

Stamm – Endung
je fin – is *nous fin – iss – ons*

Présent (Gegenwart)

je fin-is (ich beende)
tu fin-is
il fin-it
nous fin-issons
vous fin-issez
ils fin-issent

Imparfait (1. Vergangenheit)

je fin-issais (ich beendete)
tu fin-issais
il fin-issait
nous fin-issions
vous fin-issiez
ils fin-issaient

Passé Composé (2. Vergangenheit)

j'ai fin-i (ich habe beendet)
etc. (siehe Verben auf *-er*)

Plus-que-parfait (3. Vergangenheit)

j'avais fini (ich hatte beendet)
etc. (siehe *avoir*)

Passé Simple

je fin-is (ich beendete)
tu fin-is
il fin-it
nous fin-îmes
vous fin-îtes
ils fin-irent

Passe Antérieur

j'eus fini (ich hatte beendet)
tu eus fini
il eut fini
nous eûmes fini
vous eûtes fini
ils eurent fini

Futur I (Zukunft)

je finir-ai (ich werde beenden)
tu finir-as
il finir-a
nous finir-ons
vous finir-ez
ils finir-ont

Futur II (vollendete Zukunft)

j'aurai fini (ich werde beendet haben)
tu auras fini
il aura fini
nous aurons fini
vous aurez fini
ils auront fini

Conditionnel I

je finir-ais
(ich würde beenden)
tu finir-ais
il finir-ait
nous finir-ions
vous finir-iez
ils finir-aient

Conditionnel II

j'aurais fini
(ich würde beendet haben)
tu aurais fini
il aurait fini
nous aurions fini
vous auriez fini
ils auraient fini

Subjonctif I (Möglichkeitsform)

que je fin-isse (daß ich beende)
que tu fin-isses
qu'il fin-isse
que nous fin-issions
que vous fin-issiez
qu'ils fin-issent

Subjonctif II

que je fin-isse (daß ich beendete)
que tu fin-isses
qu'il fin-ît
que nous fin-issions
que vous fin-issiez
qu'ils fin-issent

Subjonctif Passé

que j'aie fini
(daß ich beendet habe)
etc. (siehe Verben auf *-er*)

Subjonctif Plus-que-parfait

que j'eusse fini
(daß ich beendet hätte)
etc. (siehe Verben auf *-er*)

Infinitiv (Grundform) Gegenwart

fin-ir (beenden)

Infinitiv Vergangenheit

avoir fini (beendet haben)

Imperativ (Befehlsform)

fin-is (beende)
fin-issons (beenden wir)
fin-issez (beendet)

Participe Présent

fin-issant (beendend)

Participe Passé

ayant fini (beendet habend)

Der Typ dormir

- Diese Verben haben *keine* Stammerweiterung.

REGEL 55

Présent

je dor-s (ich schlafe)
tu dor-s
il dor-t

nous dorm-ons
vous dorm-ez
ils dorm-ent

Imparfait	*je dorm-ais* etc.
Passé Composé	*j'ai dorm-i* etc.
Plus-que-parfait	*j'avais dormi* etc.
Passé Simple	*je dormis* etc.
Passé Antérieur	*j'eus dormi* etc.
Futur I	*je dormir-ai* etc.
Futur II	*j'aurai dormi* etc.
Conditionnel I	*je dormir-ais* etc.
Conditionnel II	*j'aurais dormi* etc.
Subjonctif I	*que je dorm-e* etc.
Subjonctif II	*que je dorm-isse* etc.
Subjonctif Passé	*que j'aie dormi* etc.
Subjonctif Plus-que-parfait	*que j'eusse dormi* etc.
Participe Présent	*dorm-ant*
Participe Passé	*ayant dormi*
Imperativ	*dors, dormons, dormez*

EBENSO:

partir (abfahren):	*je pars*	– *nous partons*
sentir (fühlen):	*je sens*	– *nous sentons*
mentir (lügen):	*je mens*	– *nous mentons*
servir (bedienen):	*je sers*	– *nous servons*

etc.

Der Typ ouvrir

REGEL 56

● Diese Gruppe bildet das Présent wie die Verben auf *-er:*

j'ouvr-e (ich öffne)	*nous ouvr-ons*
tu ouvr-es	*vous ouvr-ez*
il ouvr-e	*ils ouvr-ent*

Imparfait	*j'ouvr-ais* etc.
Passé Composé	*j'ai ouvert* etc.
Plus-que-parfait	*j'avais ouvert* etc.
Passé Simple	*j'ouvr-is* etc.
Passé Antérieur	*j'eus ouvert* etc.
Futur I	*j'ouvrir-ai* etc.
Futur II	*j'aurai ouvert* etc.
Conditionnel I	*j'ouvrir-ais* etc.
Conditionnel II	*j'aurais ouvert* etc.
Subjonctif I	*que j'ouvr-e* etc.
Subjonctif II	*que j'ouvr-isse* etc.
Subjonctif Passé	*que j'aie ouvert* etc.
Subjonctif Plus-que-parfait	*que j'eusse ouvert* etc.
Participe Présent	*ouvr-ant*
Participe Passé	*ayant ouvert*
Imperativ	*ouvre, ouvrons, ouvrez*

EBENSO:

couvrir	bedecken	*offrir*	anbieten
découvrir	entdecken	*souffrir*	leiden

3. Die Verben auf -re

REGEL 57

● Zu dieser Gruppe gehören u. a. auch eine große Zahl unregelmäßiger Verben (→ S. 88 f.). Die regelmäßige Bildung sieht folgendermaßen aus:

Stamm – Endung *je romp – s*

Présent (Gegenwart)	**Imparfait (1. Vergangenheit)**
je romp-s (ich breche)	*je romp-ais* (ich brach)
tu romp-s	*tu romp-ais*
il romp-t	*il romp-ait*

nous romp-ons
vous romp-ez
ils romp-ent

nous romp-ions
vous romp-iez
ils romp-aient

Passé Composé (2. Vergangenheit)

j'ai romp-u (ich habe gebrochen)
etc. (→ Verben auf *-er*)

Plus-que-parfait (3. Vergangenheit)

j'avais romp-u (ich hatte gebrochen)
etc. (→ Verben auf *-er*)

Passé Simple

je romp-is (ich brach)
tu romp-is
il romp-it
nous romp-îmes
vous romp-îtes
ils romp-irent

Passé Antérieur

j'eus rompu (ich hatte gebrochen)
tu eus rompu
il eut rompu
nous eûmes rompu
vous eûtes rompu
ils eurent rompu

Futur I (Zukunft)

je rompr-ai
(ich werde brechen)
etc. (→ Verben auf *-er*)

Futur II (vollendete Zukunft)

j'aurai rompu
(ich werde gebrochen haben)
etc. (→ Verben auf *-er*)

Conditionnel I

je rompr-ais (ich würde brechen)
etc.

Conditionnel II

j'aurais rompu (ich hätte gebrochen)
etc.

Subjonctif I (Möglichkeitsform)

que je romp-e (daß ich breche)
que tu romp-es
qu'il romp-e
que nous romp-ions
que vous romp-iez
qu'ils romp-ent

Subjonctif II

que je romp-isse (daß ich bräche)
que tu romp-isses
qu'il romp-ît
que nous romp-issions
que vous romp-issiez
qu'ils romp-issent

Subjonctif Passé

que j'aie rompu
(daß ich gebrochen habe)
etc.

Subjonctif Plus-que-parfait

que j'eusse rompu
(daß ich gebrochen hätte)
etc.

Infinitiv (Grundform) Gegenwart

rompre (brechen)

Infinitiv Vergangenheit

avoir rompu (gebrochen haben)

Imperativ (Befehlsform)

romp-s (brich)
romp-ons (brechen wir)
romp-ez (brecht)

Participe Présent (Mittelwort der Gegenwart)

romp-ant (brechend)

Participe Passé

ayant rompu (gebrochen habend)

REGEL 58

● Bei Verben, die auf *-dre* enden, entfällt das *t* in der 3. Person Einzahl (1):

(1) *rendre: il rend*	er gibt zurück
(1) *descendre: il descend*	er steigt hinab

REGEL 59

● Beim Typ *peindre* treten folgende Besonderheiten auf:

Présent

je peins (ich male)	*nous peignons*
tu peins	*vous peignez*
il peint	*ils peignent*

Imparfait	*je peign-ais* etc.
Passé Composé	*j'ai peint* etc.
Plus-que-parfait	*j'avais peint* etc.
Passé Simple	*je peign-is* etc.
Passé Antérieur	*j'eus peint* etc.
Futur I	*je peindr-ai* etc.
Futur II	*j'aurai peint* etc.
Conditionnel I	*je peindr-ais* etc.
Conditionnel II	*j'aurais peint* etc.
Subjonctif I	*que je peign-e* etc.
Subjonctif II	*que je peign-isse* etc.
Imperativ	*peins, peignons, peignez*
Participe Présent	*peign-ant*
Participe Passé	*ayant peint*

EBENSO:

atteindre (erreichen); *joindre* (verbinden); *feindre* (vorgeben); *craindre* (fürchten); *teindre* (färben); *plaindre* (beklagen) etc.

4. Die Verben auf -oir

Présent (Gegenwart)

je reçois (ich erhalte)
tu reçois
il reçoit
nous recevons
vous recevez
ils reçoivent

Imparfait (1. Vergangenheit)

je recev-ais (ich erhielt)
tu recev-ais
il recev-ait
nous recev-ions
vous recev-iez
ils recev-aient

Passé Composé (2. Vergangenheit)

j'ai reçu (ich habe erhalten)
etc. (→ Verben auf *-er*)

Plus-que-parfait (3. Vergangenheit)

j'avais reçu (ich hatte erhalten)
etc. (→ Verben auf *-er*)

Passé Simple

je reçus (ich erhielt)
tu reçus
il reçut
nous reçûmes
vous reçûtes
ils reçurent

Passé Antérieur

j'eus reçu (ich hatte erhalten)
tu eus reçu
il eut reçu
nous eûmes reçu
vous eûtes reçu
ils eurent reçu

Futur I (Zukunft)
je recevr-ai (ich werde erhalten)

etc.

Futur II (vollendete Zukunft)
j'aurai reçu
(ich werde erhalten haben)
etc.

Conditionnel I

je recevr-ais (ich würde erhalten)
etc.

Conditionnel II

j'aurais reçu (ich hätte erhalten)
etc.

Subjonctif I (Möglichkeitsform)

que je reçoive (daß ich erhalte)
que tu reçoives
qu'il reçoive
que nous recevions
que vous receviez
qu'ils reçoivent

Subjonctif II

que je reçusse (daß ich erhielte)
que tu reçusses
qu'il reçût
que nous reçussions
que vous reçussiez
qu'ils reçussent

Subjonctif Passé

que j'aie reçu (daß ich erhalten habe)

etc. (→ Verben auf *-er*)

Suborctif Plus-que-parfait

que j'eusse reçu
(daß ich erhalten hätte)
etc. (→ Verben auf *-er*)

Imperativ (Befehlsform)

reçois (erhalte)
recevons (erhalten wir)
recevez (erhaltet)

Participe Présent

recevant (erhaltend)

Participe Passé
(Mittelwort der Gegenwart)

ayant reçu (erhalten habend)

EBENSO:

devoir	müssen	*concevoir*	ersinnen
apercevoir	erblicken	*décevoir*	enttäuschen

Die reflexiven Verben

Bei einem reflexiven (rückbezüglichen) Verb bezieht sich die Handlung zurück auf das Subjekt, das zu dem Verb gehört (1):

(1) *Mireille se regarde dans le miroir.*	Mireille schaut sich im Spiegel an.

REGEL 60

● Die reflexiven Verben führen in allen Personen und Zeiten ein Reflexivpronomen (rückbezügliches Fürwort) bei sich.

Présent	**Imparfait**
je me dépêche	*je me dépêchais*
(ich beeile mich)	(ich beeilte mich)
tu te dépêches	*tu te dépêchais*
il se dépêche	*il se dépêchait*
nous nous dépêchons	*nous nous dépêchions*
vous vous dépêchez	*vous vous dépêchiez*
ils se dépêchent	*ils se dépêchaient*

REGEL 61

● Die zusammengesetzten Zeiten werden mit dem Hilfsverb *être* gebildet (→ Regel 46a + b). Dabei wird die Endung des Participe Passé an das Subjekt in *Geschlecht* und *Zahl* angeglichen (2):

(2) *Elle s'est dépêchée.*	Sie hat sich beeilt.
(2) *Nous nous étions amusés.*	Wir hatten uns amüsiert.

AUSNAHME:

Das Participe Passé wird *nicht* angeglichen, wenn dem reflexiven Verb ein direktes Objekt folgt (3):

(3) *Elle s'est lavé les mains.*	Sie hat sich die Hände gewaschen.

REGEL 62

● Beim bejahten Imperativ steht das Reflexivpronomen nach dem Verb (4), beim verneinten Imperativ davor (5):

(4) *Dépêche-toi.*	Beeil dich!
(5) *Ne te casse pas la tête.*	Zerbrich dir nicht den Kopf!

BEACHTE:

● Es gibt im Französischen Verben, die *nur* reflexiv gebraucht werden, z. B. *s'écrier* (ausrufen), *s'écrouler* (einstürzen), *s'efforcer* (sich bemühen).

● Es gibt eine Reihe von Verben, von denen zwei Formen existieren:

appeler – rufen; *s'appeler* – heißen; *douter de* – bezweifeln; *se douter de* – ahnen; *attendre* – warten; *s'attendre à* – gefaßt sein auf; *lever* – heben; *se lever* – aufstehen etc.

DAS MUSS MAN LERNEN

Folgende Verben sind im Französischen *nicht reflexiv*, wohl aber im Deutschen:

augmenter (sich vermehren); *diminuer* (sich vermindern); *bouger* (sich bewegen); *empirer* (sich verschlechtern); *changer* (sich verändern); *redoubler* (sich verdoppeln); *différer*(sich unterscheiden); *tourner* (sich umdrehen)

Die unpersönlichen Verben

DAS MUSS MAN LERNEN

Unpersönliche Verben haben kein bestimmtes, persönliches Subjekt. Das gramatikalische Subjekt zu diesen Verben ist immer das neutrale *il* (deutsch es):

il fait beau	es ist schönes Wetter	*il grèle*	es hagelt
il fait mauvais	es ist schlechtes Wetter	*il faut faire qch.*	man muß etwas tun
il fait jour, nuit	es ist Tag, Nacht	*il me faut qch.*	ich brauche etwas
il est 5 heures	es ist 5 Uhr	*il neige*	es schneit
il est temps	es ist Zeit	*il pleut*	es regnet
il gèle	es friert	*il y a*	es gibt, da ist, da sind

Hinweise zur Ableitung der Verbformen

Bei den regelmäßigen Verben auf *-er, -ir, -re* lassen sich die Verbformen wie folgt ableiten:

REGEL 63

● Vom Infinitiv werden **Futur I** und **Conditionnel I** abgeleitet:

travailler → *je travailler – ai/ais*
vendre → *je vendr – ai/ais*
finir → *je finir – ai/ais*

AUSNAHME:

Bei folgenden Verbtypen leiten sich **Futur I** und **Conditionnel I** von der 1. Person Gegenwart Einzahl ab:

appeler: j'appelle → *j'appelle – rai/ais*
acheter: j'achète → *j'achète – rai/ais*
ennuyer: j'ennuie → *j'ennuie – rai/ais*

REGEL 64

● Vom Stamm der 1. Person Gegenwart Mehrzahl werden **Imparfait** und **Participe Présent** abgeleitet:

nous travaill-ons	→	*je travaill-ais*
	→	*travaill-ant*
nous vend-ons	→	*je vend-ais*
	→	*vend-ant*
nous finiss-ons	→	*je finiss-ais*
	→	*finiss-ant*

REGEL 65

● Vom Stamm der 3. Person Gegenwart Mehrzahl wird der **Subjonctif I** abgeleitet:

ils travaill-ent	→	*que je travaill-e*
ils vend-ent	→	*que je vend-e*
ils finiss-ent	→	*que je finiss-e*

REGEL 66

● Von der 2. Person Einzahl des Passé Simple wird der **Subjonctif II** abgeleitet:

tu travaill-as	→	*que je travaillasse*
tu vend-is	→	*que je vendisse*
tu fini-s	→	*que je finisse*

Die gebeugten Verbformen

Die Zeiten

1. Der Gebrauch des Présent

REGEL 67

● Das Présent (Gegenwart) wird – wie im Deutschen – verwendet zur Beschreibung von gegenwärtigen Handlungen (1), allgemeingültigen Tatsachen (2), wiederkehrenden Gewohnheiten (3) und zukünftigen Handlungen, die als sicher gelten (4):

(1) *Regarde, Danielle arrive.*	Schau, da kommt Danielle.
(2) *Le soleil se lève à l'est.*	Die Sonne geht im Osten auf.
(3) *Le samedi, je vais au bar.*	Samstags gehe ich ins Café.
(4) *Vendredi, j'achète la voiture.*	Am Freitag kaufe ich das Auto.

2. Der Gebrauch des Imparfait

REGEL 68

● Das Imparfait (1. Vergangenheit) beschreibt vergangene Zustände (1), vergangene Gewohnheiten und wiederkehrende Handlungen (2), Erklärungen von Sachverhalten (3) und Handlungen, die im Verlauf gesehen werden (4):

(1) *Autrefois, mon père était chef de cette usine.*	Früher war mein Vater Chef dieser Fabrik.
(2) *Chaque matin, j'allais au travail avec lui.*	Jeden Morgen ging ich mit ihm zur Arbeit.
(3) *En 1920 il fallait beaucoup travailler.*	Im Jahr 1920 mußte man viel arbeiten.
(4) *Quand Maurice a téléphoné, je lisais.*	Als Maurice anrief, las ich gerade.

3. Der Gebrauch des Passé Composé

REGEL 69

● Das Passé Composé (2. Vergangenheit) steht in starkem Kontrast zum Imparfait. Es beschreibt einmalige Handlungen, die sich zu einem bestimmten Zeitpunkt in der Vergangenheit ereignet haben (1), und Handlungsformen, die ebenfalls einmalig sind – oft mit Auflistungen wie *d'abord, puis, ensuite* etc. (2):

(1) *Samedi je suis allé en ville pour voir un film.*	Am Samstag bin ich in die Stadt gefahren, um einen Film anzuschauen.
(2) *Je suis allé à la gare. D'abord j'ai acheté le billet, puis j'ai regardé les journaux et finalement je suis monté dans le train.*	Ich bin zum Bahnhof gefahren. Zuerst habe ich die Fahrkarte gekauft, dann habe ich die Zeitungen angeschaut, und schließlich bin ich in den Zug gestiegen.

REGEL 70

● Folgende Signalwörter stehen meist mit Passé Composé:

– alle Ausdrücke, die einen bestimmten Zeitpunkt angeben, also z. B. Daten oder Wochentage (nicht jedoch im wiederholenden Sinn):

un jour	eines Tages
tout à coup	plötzlich
alors	da, dann etc.

REGEL 71

● Folgende Signalwörter stehen meist mit Imparfait:

– alle Ausdrücke, die eine Wiederholung angeben, also z. B. *chaque matin* – jeden Morgen, *tous les jours* – jeden Tag, *le lundi* – jeden Montag, etc.
– *pendant que* – während
– *comme* – da, als

Testfrage für das Imparfait: War die Handlung schon im Gange? Warum war dies so?

Testfrage für das Passé Composé: Was geschah? Wie lief es ab?

4. Der Gebrauch des Passé Simple

Diese Zeitform existiert im Deutschen nicht und bereitet deshalb dem Lernenden gelegentlich Schwierigkeiten. Weil sie auch geschichtlich zurückliegende Tatsachen oder Ereignisse schildert, wird sie manchmal als **historisches Perfekt** bezeichnet.

Das Passé Simple taucht heutzutage nur noch in *geschriebener* Sprache auf, also im Roman oder Bericht. In der gesprochenen – und teilweise auch in der geschriebenen Sprache (z. B. moderner Roman) – wird es durch das Passé Composé ersetzt. Passé Simple und Passé Composé haben ähnliche Funktionen.

REGEL 72

● Das Passé Simple beschreibt – wie das Passé Composé – einmalige Handlungen oder Handlungsabläufe der Vergangenheit (1) und Handlungen, die zu einem bestimmten Zeitpunkt in der Vergangenheit neu einsetzen oder Reaktionen auf eine vorherige Handlung sind (2):

(1) *Une voiture s'arrêta devant la maison. Un monsieur en descendit. Il sonna.*	Ein Auto hielt vor dem Haus. Ein Herr stieg aus. Er läutete.
(2) *Il pleuvait. Tout à coup je vis un rayon de soleil.*	Es regnete. Plötzlich sah ich einen Sonnenstrahl.

Das Deutsche kann nur versuchen, die Bedeutung des Passé Simple durch eine entsprechende Übersetzung wiederzugeben:

M. Rodes était un homme que je connaissais depuis longtemps.	Herr Rodes war ein Mann, den ich seit langem kannte.	*M. Rodes était un homme que je connus à Rome.*	Herr Rodes war ein Mann, den ich in Rom kennenlernte.

DAS MUSS MAN LERNEN

Folgende Verben wechseln je nach Zeitform ihre Bedeutung:

j'avais	ich hatte	*j'eus*	ich bekam
je savais	ich wußte	*je sus*	ich erfuhr
j'étais	ich war	*je fus*	ich wurde

MERKE:
Die Konjunktionen *quand* und *lorsque* bedeuten mit Passé Simple im Deutschen 'als' (3), mit Imparfait 'jedesmal' (4):

(3) *Quand M. Roger entra, les secrétaires rièrent.*	Als Herr Roger eintrat, lachten die Sekretärinnen.
(4) Quand M. Roger entrait, les secrétaires riaient.	Jedesmal wenn Herr Roger eintrat, lachten die Sekretärinnen.

5. Der Gebrauch des Plus-que-parfait

REGEL 73

● Das Plus-que-parfait (3. Vergangenheit) beschreibt – wie im Deutschen – Handlungen und Zustände, die zeitlich noch vor einem anderen Vorgang oder Zustand in der Vergangenheit liegen (1):

(1) *J'étais en colère parce que Claude avait cassé ma radio.*	Ich war wütend, weil Claude mein Radio kaputtgemacht hatte.

MERKE:

Mit dem Plus-que-parfait bedeuten die Konjunktionen *quand* und *lorsque* im Deutschen 'nachdem' (2):

(2) *Quand il avait fait sa valise il a téléphoné à Marie.*	Nachdem er seinen Koffer gepackt hatte, rief er Marie an.

6. Der Gebrauch des Passé Antérieur

REGEL 74

● Das Passé Antérieur bezeichnet ein Geschehen, das sich vor einem anderen Ereignis in der Vergangenheit zugetragen hat. Dieses wird meist im Passé Simple geschildert (1). Das Passé Antérieur wird in der *geschriebenen* Sprache verwendet und hat dieselbe Funktion wie das Plus-que-parfait (→ Regel 73):

(1) *Quand elle eut fait la vaisselle elle partit.*	Nachdem sie das Geschirr gespült hatte, brach sie auf.

7. Der Gebrauch des Futur I und II

REGEL 75

● Das Futur I (Zukunft) bezeichnet Geschehnisse, die in der Zukunft liegen (1). Im Deutschen findet man häufig auch das Präsens, wo im Französischen Futur steht:

(1) *L'année prochaine mon frère ira en Angleterre.*	Nächstes Jahr wird mein Bruder nach Endland fahren. (oder: ... fährt . . .)

BEACHTE:

Für die *nahe Zukunft* oder für den Ausdruck einer Absicht wird häufig die Konstruktion *aller faire qch.* verwendet (2) (→ S. 30):

(2) *Demain je vais m'en occuper.*	Morgen werde ich mich darum kümmern.

REGEL 76

● Das Futur II (vollendete Zukunft) wird verwendet, um eine Handlung zu beschreiben, die zu einem gedachten Zeitpunkt in der Zukunft bereits abgeschlossen sein wird (3). Im Deutschen steht dafür häufig Perfekt:

(3) *Quand j'aurai fini la vaisselle, je partirai.*	Wenn ich das Geschirr gespült habe, werde ich wegfahren.

Die Aussageweisen

1. Der Gebrauch des Indicatif

REGEL 77

● Der Indicatif (Wirklichkeitsform) stellt Tatsachen, Zustände oder Ereignisse als *real* dar. Dabei fehlt jede persönliche Einfärbung.

Abweichend vom Deutschen steht im Französischen der Indicatif auch in der indirekten (= abhängigen) Rede. Dabei gilt folgende Zeitenfolge:

REGEL 78

● Steht der Hauptsatz im Présent, so stehen im Nebensatz dieselben Zeiten, die auch stünden, wenn dieser Satz ein selbständiger Hauptsatz wäre (1):

(1) *Paul dit que sa soeur est malade.*	Paul sagt, seine Schwester sei krank.
(1) *Paul dit que Didier a vendu son vélo.*	Paul sagt, daß Didier sein Fahrrad verkauft habe.
(1) *Paul dit que Luc ne sera pas d'accord.*	Paul sagt, daß Luc nicht einverstanden sein wird.

Steht im Hauptsatz eine Zeit der Vergangenheit, so gelten folgende Regeln:

REGEL 79

● Die Handlung des Nebensatzes ist *gleichzeitig* zum Hauptsatz. Es steht Imparfait (2):

(2) *Paul a dit que sa soeur était malade.*	Paul hat gesagt, daß seine Schwester krank sei.

REGEL 80

● Die Handlung des Nebensatzes ist *vorzeitig* zum Hauptsatz. Es steht Plus-que-parfait (3):

(3) *Paul a dit que Didier avait vendu son vélo.*	Paul hat gesagt, daß Didier sein Fahrrad verkauft habe.

REGEL 81

● Die Handlung des Nebensatzes ist *nachzeitig* zum Hauptsatz. Es steht Conditionnel I (4):

(4) *Paul a dit que Luc ne serait pas d'accord.*	Paul hat gesagt, daß Luc nicht einverstanden sein werde.

2. Der Gebrauch des Subjonctif

Der Subjonctif (Möglichkeitsform) beschreibt alles, was vom Sprecher als *nicht wirklich* gesehen wird oder was durch seine *persönliche Stellungnahme* eingefärbt ist. Dabei spielt es keine Rolle, ob ein Geschehen tatsächlich stattgefunden hat oder nicht. Entscheidend ist, *wie* der Sprecher es sehen möchte.

REGEL 82

● Der Subjonctif tritt fast ausschließlich in *Nebensätzen* mit *que* oder anderen Konjunktionen auf.

BEACHTE:

Er kann auch in einigen Hauptsätzen stehen und drückt dann einen Wunsch aus (1):

(1) *Vive la France.*	Es lebe Frankreich.
(1) *Sauve qui peut.*	Rette sich, wer kann.

Man unterscheidet folgende Arten des Subjonctif:

2.1 Der Subjonctif der Willensäußerung

REGEL 83

● Der Subjonctif steht nach Verben, die einen *Wunsch,* eine *Aufforderung,* einen *Befehl,* ein *Verbot* oder eine *Erlaubnis* ausdrücken (1):

(1) *Mon oncle souhaite que je vienne l'aider tous les samedis.*	Mein Onkel wünscht, daß ich ihm jeden Samstag helfen komme.
(1) *Je veux que tu fasses tes devoirs.*	Ich möchte, daß du deine Hausaufgaben machst.

EBENSO:

aimer mieux	lieber wollen	*exiger*	fordern
désirer	wünschen	*préférer*	vorziehen
défendre	verbieten	*prier*	bitten
demander	verlangen	*permettre*	erlauben
admettre	annehmen		

2.2 Der Subjonctif der persönlichen Stellungnahme

REGEL 84

● Der Subjonctif steht nach Verben, die eine *gefühlsmäßige Stellungnahme* des Sprechers zu dem, was im Nebensatz gesagt wird, ausdrücken (1):

(1) *Je regrette que tu sois malade.*	Ich bedaure, daß du krank bist.
(1) *Je suis heureux que tu me fasses confiance.*	Ich bin glücklich, daß du mir vertraust.

EBENSO:

être content	zufrieden sein	*être enchanté*	entzückt sein
être triste	traurig sein	*trouver bon*	gut finden
être fâché	verärgert sein	*trouver mauvais*	schlecht finden
être étonné	erstaunt sein	*s'étonner*	staunen
être charmé	entzückt sein	*se plaindre*	sich beklagen
etc.			

2.3 Der Subjonctif des Zweifelns

REGEL 85

● Bezweifelt oder befürchtet der Sprecher die Realität oder die Wahrscheinlichkeit eines Sachverhalts, so steht Subjonctif (1):

(1) *Je doute qu'il sache conduire.*	Ich bezweifle, daß er fahren kann.

EBENSO:

il est douteux (es ist zweifelhaft); *il semble* (es scheint); *nier* (leugnen); *craindre* (befürchten); *ignorer* (nicht wissen); *avoir peur* (befürchten)

BEACHTE:

Bei *craindre* und *avoir peur* steht vor dem bejahten Verb oft ein *ne.* Man kann es jedoch auch weglassen (2):

(2) *Je crains qu'il (ne) soit malade.*	Ich fürchte, daß er krank ist.

ACHTUNG:

Einen Sonderfall stellt das Verb *croire* (glauben) dar:

REGEL 86a

● Steht *croire* in einem bejahten Aussagesatz, so folgt Indikativ (3):

(3) *Je crois qu'il est parti.*	Ich glaube, er ist abgefahren.

REGEL 86b

● Steht *croire* im Fragesatz, so folgt Subjonctif (4):

(4) *Crois-tu qu'il soit parti?*	Glaubst du, daß er abgefahren ist?

2.4 Der Subjonctif bei unpersönlichen Ausdrücken

REGEL 87

● Nach einer Reihe von unpersönlichen Ausdrücken steht immer der Subjonctif (1):

(1) *Il faut que tu sois intransigeant.*	Du mußt unnachgiebig sein.
(1) *Il vaut mieux que vous vous dépêchiez.*	Es ist besser, wenn ihr euch beeilt.

EBENSO:

Il est bon	es ist gut	*il est naturel*	es ist natürlich
il est dommage	es ist schade	*il est nécessaire*	es ist notwendig
il est important	es ist wichtig	*il est normal*	es ist normal
il est juste	es ist gerecht	*il est temps*	es ist Zeit
etc.		*il est utile*	es ist nützlich

2.5 Der Subjonctif nach Konjunktionen

REGEL 88

● Auch eine Reihe von Konjunktionen verlangt den Subjonctif (1):

(1) *Je discute souvent avec lui bien que nous ayons des opinions différentes.*	Ich diskutiere oft mit ihm, obwohl wir verschiedene Meinungen haben.

EBENSO:

afin que (damit); *avant que* (bevor); *pour que* (damit); *sans que* (ohne daß); *en sorte que* (so daß); *jusq'à ce que* (bis); *de façon que* (so daß)

(→ Konjunktionen, S. 76)

2.6 Der Subjonctif in Relativsätzen

REGEL 89

● Im Relativsatz steht der Subjonctif, wenn er einen *Wunsch* oder eine *Forderung* enthält (1) oder wenn ein *Superlativ* oder ein superlativischer Ausdruck vorausgehen (2):

(1) *Je voudrais avoir une secrétaire qui soit impeccable.*	Ich möchte eine Sekretärin haben, die tadellos ist.
(2) *C'est le meilleur mécanicien que je connaisse.*	Das ist der beste Mechaniker, den ich kenne.

EBENSO:

le seul (der einzige); *l'unique* (der einzige); *le premier* (der erste); *le dernier* (der letzte); *rien/personne* (nichts, niemand).

2.7 Die Zeitenfolge in Sätzen mit Subjonctif

REGEL 90

● Steht der Hauptsatz im Présent, so stehen im Nebensatz

– bei Gleichzeitigkeit Subjonctif I (1):

(1) *Je doute qu'il ait raison.*	Ich bezweifle, daß er recht hat.

– bei Vorzeitigkeit Subjonctif II (2):

(2) *Je doute qu'il ait eu raison.*	Ich bezweifle, daß er recht gehabt hat.

– bei Nachzeitigkeit Subjonctif I (3):

(3) *Je doute qu'il vienne demain.*	Ich bezweifle, daß er morgen kommen wird.

REGEL 91

● Steht der Hauptsatz in einer Zeit der Vergangenheit, so stehen im Nebensatz

– bei Gleichzeitigkeit Subjonctif II (4)
– bei Vorzeitigkeit Subjonctif Plus-que-parfait (5)
– bei Nachzeitigkeit Subjonctif II (6)

Je doutais	Ich bezweifelte,
(4) *qu'il eût raison*	daß er recht hatte.
(5) *qu'il eût eu raison*	daß er recht gehabt hatte.
(6) *qu'il vînt*	daß er kommen würde.

Die letzten drei Beispiele sind nur noch in der Schriftsprache üblich. Mehr und mehr setzen sich auch für Hauptsätze in der Vergangenheit die Formen der ersten drei Beispiele durch.

3. Der Gebrauch des Conditionnel

Das Conditionnel (Konditionalform) ist sowohl eine Zeitform (Tempus) als auch eine Aussageweise (Modus).

REGEL 92

● Das Conditionnel drückt einen Wunsch oder eine mögliche Handlung aus (1). Daneben steht es in höflichen Fragen (2). In Zeitungsartikeln findet es sich zur Wiedergabe noch nicht endgültig bestätigter Berichte (3). Außerdem steht das Conditionnel in Bedingungssätzen (→ Satzbau → Konjunktionen) (4). Es bezeichnet ferner eine von einem Standpunkt in der Vergangenheit aus noch zukünftige Handlung (5):

(1) *Je voudrais vous remercier.*	Ich möchte mich bei Ihnen bedanken.
(1) *A ta place, je n'aurais pas pris cette voiture.*	An deiner Stelle hätte ich dieses Auto nicht genommen.
(2) *Pourriez-vous m'aider?*	Könnten Sie mir helfen?
(3) *D'après un membre du conseil le président aurait accepté leur décision.*	Einem Ratsmitglied zufolge soll der Präsident ihre Entscheidung akzeptiert haben.
(4) *Si tu travaillais regulièrement tu aurais de bonnes notes.*	Wenn du regelmäßig arbeiten würdest, hättest du gute Noten.
(5) *Il a dit qu'il trouverait un bon emploi.*	Er hat gesagt, daß er eine gute Stelle finden würde.

4. Der Imperativ

Man unterscheidet drei Formen des Imperativs (Befehl):

REGEL 93

● Beim bejahten Imperativ werden die Pronomen mit Bindestrich an das Verb angehängt (1):

(1) *Montre-moi ta robe.*	Zeig mir dein Kleid.

REGEL 94

● Stehen zwei Pronomen, so folgen sie dem Imperativ in der Reihenfolge (2):
Imperativ – direktes Objekt – indirektes Objekt
Befehl – 4. Fall – 3. Fall

(2) *Montre-le-nous.*	Zeig sie uns.
Rends-les-moi.	Gib sie mir zurück.

AUSNAHME:

Bei *en* steht zuerst das indirekte Objekt (3. Fall) und dann *en*. *Moi* verwandelt sich zu *me* (3).

(3) *Donne-m'en.*	Gib mir davon.

REGEL 95

● Beim verneinten Imperativ umschließt *ne ... pas* das Verb (4):

(4) *Ne pleurez pas.*	Weint nicht.

Die Pronomen stehen dann in derselben Reihenfolge wie im Aussagesatz (5):

(5) *Ne les leur donnez pas.*	Gebt sie ihnen nicht.

5. Das Aktiv und das Passiv

Im Französischen wird das Aktiv (Tatform) sehr viel häufiger gebraucht als das Passiv (Leideform).

REGEL 96

● Das Passiv wird gebildet aus der entsprechenden Form von *être* und dem Participe Passé. Dabei erscheint *être* in der gewünschten Zeit, und das Participe wird in Zahl und Geschlecht dem Subjekt angeglichen (1):

(1) *Elle a été acceptée.*	Sie ist akzeptiert worden.
(1) *Nous avons été acceptés.*	Wir sind akzeptiert worden.

● Présent (Gegenwart):

Je suis appelé.	Ich werde gerufen.
Tu es appelé.	Du wirst gerufen . . . etc.

● Imparfait (1. Vergangenheit):

J'étais appelé.	Ich wurde gerufen.
Tu étais appelé.	Du wurdest gerufen . . . etc.

● Passé Composé (2. Vergangenheit):

J'ai été appelé.	Ich bin gerufen worden.
Tu as été appelé.	Du bist gerufen worden . . . etc.

REGEL 97

● Der Urheber einer Handlung wird mit der Präposition (Verhältniswort) *par* angegeben (1):

(1) *Il a été provoqué par son chef.*	Er ist von seinem Chef provoziert worden.

ABER:

Bei einigen Verben steht statt *par* die Präposition *de* (2):

(2) Il était entouré de ses collègues.	Er wurde von seinen Kollegen umringt.

EBENSO:

DAS MUSS MAN LERNEN

être accompagné de qn.	von jmd. begleitet werden
être suivi de qn.	von jmd. gefolgt werden
être couvert de qch.	von etwas bedeckt werden
être aimé de qn.	von jmd. geliebt werden
etc.	

Die Infinitivkonstruktionen

Der Infinitiv (Grundform) kann als Subjekt oder als prädikative Ergänzung zum Verb *être* stehen (1). Er kann auch als verkürzter Befehl stehen (2):

(1) *Partir, c'est mourir un peu.*	Scheiden heißt ein wenig sterben.
(2) *S'adresser au concierge.*	Wenden Sie sich an den Hausmeister.

Daneben gibt es eine Reihe von Konstruktionen, bei denen der Infinitiv – mit oder ohne Präposition – von einem vorausgehenden Verb, Adjektiv, Substantiv abhängt.

1. Die Infinitivanschlüsse ohne Präposition

● Der Infinitiv (Grundform) wird **ohne Präposition (Ø)** (Verhältniswort) an die modalen Hilfsverben angeschlossen (1): REGEL 98

(1) *Ils doivent rester dehors.*	Sie müssen draußen bleiben.

EBENSO: Ø + Infinitiv

pouvoir – können; *vouloir* – wollen; *faire* – veranlassen; *laisser* – lassen; *daigner* – geruhen; *oser* – wagen; *paraître* – scheinen; *savoir* – können, etwas beherrschen; *sembler* – scheinen

● Der Infinitiv wird ohne Präposition an Verben der Willensäußerung angeschlossen (2): REGEL 99

(2) *J'aimerais visiter ce musée.*	Ich würde gern dieses Museum besuchen.

EBENSO: Ø + Infinitiv

aimer mieux	lieber wollen	*désirer*	wünschen
préférer	vorziehen	*espérer*	hoffen
etc.			

● Der Infinitiv wird ohne Präposition an Verben der Sinneswahrnehmung (3) angeschlossen: REGEL 100

(3) *Je l'entends chanter.*	Ich höre sie singen.

EBENSO: | Ø + Infinitiv |

écouter	zuhören	*sentir*	fühlen
regarder	ansehen	*voir*	sehen
etc.			

REGEL 101

● Der Infinitiv wird ohne Präposition an Verben des Denkens, Glaubens und Meinens (4) angeschlossen.

(4) *Elle s'imagine être une vedette.*	Sie stellt sich vor, ein Star zu sein.

EBENSO: | Ø + Infinitiv |

croire (glauben); *compter* (beabsichtigen zu tun); *se figurer* (sich vorstellen); *penser* (denken); *se rappeler* (sich erinnern)

REGEL 102

● Der Infinitiv wird ohne Präposition an Verben der Meinungsäußerung (5) angeschlossen:

(5) *Il prétend être le chef.*	Er gibt vor, der Chef zu sein.

EBENSO: | Ø + Infinitiv |

affirmer (behaupten); *assurer* (versichern); *dire* (sagen, behaupten); *déclarer* (erklären); *jurer* (schwören) etc.

REGEL 103

● Der Infinitiv wird ohne Präposition an Verben der Bewegung (6) angeschlossen:

(6) *Je cours vous aider.*	Ich eile, um euch zu helfen.

EBENSO: | Ø + Infinitiv |

aller (gehen); *venir* (kommen); *envoyer* (schicken) etc.

REGEL 104

● Der Infinitiv wird ohne Präposition an bestimmte unpersönliche Ausdrücke (7) angeschlossen:

(7) *Il vaut mieux oublier cette affaire.*	Es ist besser, diese Angelegenheit zu vergessen.

EBENSO: | Ø + Infinitiv |

il fait bon (es tut gut); *il faut* (man muß); *il semble* (es scheint)

2. Die Infinitivanschlüsse mit à

Der Infinitiv wird mit der Präposition *à* an folgende Verben angeschlossen (1):

DAS MUSS MAN LERNEN

(1) *Où as-tu appris à nager?*	Wo hast du schwimmen gelernt?

EBENSO: à + Infinitiv

accoutumer	gewöhnen	*continuer*	fortfahren
aider	helfen	*enseigner*	lehren
s'amuser	sich amüsieren	*s'habituer*	sich gewöhnen
arriver	gelingen	*j'arrive*	es gelingt mir
s'attendre	gefaßt sein auf	*inviter*	auffordern
chercher	versuchen	*renoncer*	verzichten
commencer	beginnen	*servir*	dienen
consentir	zustimmen	*condamner*	verurteilen

Nach folgenden Adjektiven wird der Infinitiv mit der Präposition *à* angeschlossen (2):

DAS MUSS MAN LERNEN

(2) *Cette radio est facile à réparer.*	Dieses Radio ist leicht zu reparieren.
(3) *Ce livre est difficile à lire.*	Dieses Buch ist schwer zu lesen.

BEACHTE:

Diese Konstruktion ist jedoch nur dann möglich, wenn das Subjekt ein Substantiv oder ein Pronomen ist. Dagegen wird der Infinitiv mit *de* angeschlossen, wenn das neutrale Subjekt *il* (deutsch: es) vorangeht (3):

(3) *Il est facile de réparer cette radio.*	Es ist leicht, dieses Radio zu reparieren.
(3) *Il est difficile de lire ce livre.*	Es ist schwierig, dieses Buch zu lesen.

EBENSO: à + Infinitiv

le premier/la première (der/die erste); *prêt,e* (bereit); *le dernier/la dernière* (der/die letzte); *le/la seul,e* (der/die einzige)

3. Die Infinitivanschlüsse mit de

Der Infinitiv wird mit der Präposition *de* an folgende Verben (4) angeschlossen:

DAS MUSS MAN LERNEN

(4) *Tu as promis de m'écrire.*	Du hast versprochen, mir zu schreiben.

EBENSO: de + Infinitiv

s'agir	sich handeln um	*offrir*	anbieten
		oublier	vergessen
craindre	fürchten	*parler*	sprechen
défendre	verbieten	*permettre*	erlauben
dire	sagen, befehlen	*prier*	bitten
		proposer	vorschlagen
essayer	versuchen	*refuser*	sich weigern
éviter	vermeiden	*se repentir*	bereuen
s'excuser	sich entschuldigen	*rêver*	träumen
		risquer	Gefahr laufen
féliciter	beglückwünschen	*tenter*	versuchen
		finir	aufhören

BEACHTE:

REGEL 105a

● Stehen die Verben *forcer, contraindre* und *obliger* (zwingen, nötigen) im Aktiv, so folgt der Infinitiv mit *à* (5):

(5) *L'homme m'a forcé à ouvrir le coffre.* — Der Mann hat mich gezwungen, den Kofferraum zu öffnen.

REGEL 105b

● Stehen diese Verben dagegen im Passiv, so folgt der Infinitiv mit *de* (6):

(6) *Elle était obligée d'arrêter la voiture.* — Sie mußte den Wagen anhalten.

DAS MUSS MAN LERNEN

Nach folgenden Adjektiven steht der Infinitiv mit der Präposition *de* (7):

(7) *Je suis heureuse de vous voir.* — Ich bin glücklich, Sie zu sehen.

EBENSO: de + Infinitiv

content,e (zufrieden); *fier, fière* (stolz); *surpris,e* (überrascht); *enchanté,e* (entzückt) etc.

Viele Substantive schließen den Infinitiv mit der Präposition *de* an (8):

(8) *J'ai envie d'aller au cinéma.* — Ich habe Lust, ins Kino zu gehen.

EBENSO: de + Infinitiv

l'art (Kunst); *le courage* (Mut); *l'énergie* (Energie); *la joie* (Freude); *la peur* (Angst) etc.

Nach folgenden unpersönlichen Ausdrücken schließt der Infinitiv mit der Präposition *de* an (9):

DAS MUSS MAN LERNEN

(9) *Il est impossible de l'aider.*	Es ist unmöglich, ihm zu helfen.

EBENSO: de + Infinitiv

il est défendu	es ist verboten	*il est facile*	es ist leicht
il est difficile	es ist schwierig	*il est juste*	es ist richtig
il est naturel	es ist natürlich	*il est normal*	es ist normal
il est possible	es ist möglich	*il est interdit*	es ist verboten
etc.			

4. Der Infinitiv mit anderen Präpositionen

afin de um zu	*Il frappe afin de réveiller le voisin.*	Er klopft, um den Nachbarn aufzuwecken.
après nachdem + Infinitiv der Vergangenheit →Konjunktion *après que*	*Après avoir appelé Marc il a ouvert la lettre.*	Nachdem er Marc gerufen hat, hat er den Brief geöffnet.
au lieu de anstatt	*Au lieu de dormir tu devrais travailler.*	Anstatt zu schlafen, solltest du arbeiten.
avant de bevor	*Réfléchis bien avant de l'avertir.*	Denk gut nach, bevor du ihn benachrichtigst.
sans ohne	*Elle a répondu sans hésiter.*	Sie hat geantwortet, ohne zu zögern.
par nur in diesen Konstruktionen:	*J'ai commencé par ranger la cuisine.* *J'ai fini par laver la voiture.*	Ich habe als erstes die Küche aufgeräumt. Ich habe als letztes das Auto gewaschen.

Die Partizipialkonstruktionen

Man unterscheidet das Participe Présent, z. B. *dormant* (schlafend), und das Participe Passé, z. B. *ayant dormi* (geschlafen habend).

1. Das Participe Présent

REGEL 106

● Das Participe Présent kann wie ein Adjektiv gebraucht werden und ist dann veränderlich (1):

(1) *C'était une soirée amusante.*	Das war ein amüsanter Abend.

REGEL 107

● Es kann aber auch – fast ausschließlich in geschriebener Sprache und im Behördenstil – als Verbform auftreten und ist hier unveränderlich. Es steht dann anstelle eines Relativsatzes (2):

(2) *Jeune Allemand travaillant à Strasbourg cherche un appartement.*	Junger Deutscher, der in Strasbourg arbeitet, sucht Wohnung.

REGEL 108

● Das Participe Présent steht anstelle eines Nebensatzes mit *parce que, comme, puisque* (3):

(3) *Craignant une crise, le docteur l'a couché sur un lit.*	Da er einen Anfall befürchtete, legte ihn der Arzt ins Bett.

REGEL 109

● Das Participe Présent steht zur Angabe eines Begleitumstandes (4):

(4) *Souriant, il s'est tourné vers moi.*	Lächelnd wendete er sich mir zu.

REGEL 110

● Das Participe Présent steht anstelle eines Nebensatzes mit *après que, quand, bien que* oder *quoique* (5):

(5) *Ayant vendu sa maison il est parti pour l'Amérique.*	Nachdem er sein Haus verkauft hatte, ist er nach Amerika gegangen.

2. Das Participe Passé

REGEL 111

● Auch das Participe Passé kann wie ein Adjektiv verwendet werden und ist dann veränderlich (1):

(1) *une femme admirée*	eine bewunderte Frau

REGEL 112

● Steht das Participe Passé mit dem Hilfsverb *être,* so richtet es sich in Geschlecht und Zahl nach dem Subjekt des Satzes (2):

(2) *Elle est venue.*	Sie ist gekommen.

REGEL 113

● Steht es dagegen mit dem Hilfsverb *avoir,* so bleibt es unverändert (3):

(3) *Elle a regardé un film allemand.*	Sie hat einen deutschen Film angeschaut.

AUSNAHME:

Steht ein direktes Objekt (4. Fall) in Form eines Objektpronomens (*le, la, les*) (4), eines Relativpronomens (*que*) (5) oder eines Frageworts (*combien de, lequel* etc.) (6)

vor einem Verb im Passé Composé, so richtet sich das Participe Passé nach diesem in Geschlecht und Zahl:

(4) *Il l'a achetée* (= la voiture).	Er hat es gekauft.
(5) *Voilà la voiture que j'ai achetée.*	Hier ist das Auto, das ich gekauft habe.
(6) *Il veut savoir quelle voiture tu as achetée.*	Er möchte wissen, welches Auto du gekauft hast.

Das Gérondif

Das Gérondif ist eine Form des Verbs, die nur im Französischen existiert. Im Deutschen drückt ein Nebensatz dasselbe aus.

REGEL 114

● Das Gérondif wird gebildet aus der Präposition *en* und dem Participe Présent des Verbs (1):

(1) *réfléchir*	*en réfléchissant*
attendre	*en attendant*

REGEL 115

● Das Gérondif ersetzt einen Nebensatz. Es wird verwendet zum Ausdruck der Gleichzeitigkeit zweier Handlungen (2):

(2) *Elle préparait le gâteau en écoutant la radio.*	Sie bereitete den Kuchen zu, während sie Radio hörte.

REGEL 116

● Das Gérondif wird verwendet zur Angabe der Art und Weise, wie eine Handlung geschieht (3):

(3) *Il est devenu chef en travaillant dur.*	Er ist Chef geworden, indem er hart gearbeitet hat.

REGEL 117

● Das Gérondif wird verwendet zur Angabe einer Bedingung (4); es ersetzt oft einen *Si*-Satz:

(4) *En lui parlant tranquillement tu aurais plus de chance de le convaincre.*	Wenn du ruhig mit ihm sprechen würdest, hättest du mehr Chancen, ihn zu überzeugen.

BEACHTE:

Das (gedachte) Subjekt des Gérondif muß in jedem der oben genannten Fälle identisch mit dem Subjekt des Hauptsatzes sein (5):

(5) *En sortant j'ai rencontré Gilbert.*	Als ich hinausging, traf ich Gilbert.

Die Verneinung und die Frage

1. Die Verneinung

REGEL 118

● Die Verneinung besteht aus zwei Teilen. *Ne ... pas* umschließen das konjugierte Verb und die davorstehenden Pronomen (1):

(1) *Je ne lui ai pas répondu.*	Ich habe ihm nicht geantwortet.

AUSNAHME:

Beim verneinten Infinitiv und beim verneinten Gérondif steht *ne ... pas* zusammen vor diesen Konstruktionen (2):

(2) *Je regrette de ne pas avoir dit la vérite.*	Ich bedaure es, nicht die Wahrheit gesagt zu haben.
(2) *En ne pas répondant tu n'obtiendras pas de résultat.*	Du wirst nichts erreichen, wenn du nicht antwortest.

EBENSO:

ne ... guère	kaum	*ne ... jamais*	nie
ne ... personne	niemand	*ne ... ni ... ni*	weder ... noch
ne ... rien	nichts	*ne ... plus*	nicht mehr
etc.			

BEACHTE:

Personne steht im Passé Composé nach dem Participe Passé (3):

(3) *Je n'ai vu personne.*	Ich habe niemanden gesehen.

Personne und *rien* können auch Subjekt sein. Sie stehen dann vor dem Verb (4):

(4) *Personne ne m'a dit bonjour.*	Niemand hat mich begrüßt.
Rien ne s'est passé.	Nichts ist passiert.

2. Die Frage

REGEL 119a

● Zur Bildung einer Frage kann das Pronomen mit Bindestrich an das Verb (Tätigkeitswort) angehängt werden (= Inversion) (1):

(1) *Est-il d'accord?*	Ist er einverstanden?

REGEL 119b

● Bei den Verben auf *-er* wird in der 3. Person Gegenwart Einzahl ein – *t* – eingeschoben (2):

(2) *Où va-t-il?*	Wohin geht er?

Weitere Möglichkeiten, die Frage zu bilden → Satzbau, Regeln 163 – 167

Die Pronomen sind Fürwörter, d. h. sie stehen für ein bereits genanntes Wort, meist ein Substantiv oder ein Eigenname. Es gibt Pronomen in adjektivischer Form, z. B. *mein Hut*, und in substantivischer Form, z. B. *der meinige*.

Das Personalpronomen

Das Personalpronomen (persönliches Fürwort) ersetzt ein vorher genanntes Substantiv. Es steht in einer der drei grammatikalischen Personen in der Einzahl oder in der Mehrzahl. Die dritte Person Einzahl und Mehrzahl gibt außerdem noch das grammatikalische Geschlecht des ersetzten Substantivs an (*il* – *elle*).

1. Das verbundene Personalpronomen

Abweichend vom Deutschen gibt es im Französischen ein verbundenes und ein unverbundenes Personalpronomen. Das verbundene Personalpronomen steht immer in Verbindung mit einem Verb.

	Subjekt (1. Fall) WER/WAS		indirekt. Obj. (3. Fall) WEM		direktes Obj. (4. Fall) WEN/WAS	
Einzahl	*je*	ich	*me*	mir	*me*	mich
	tu	du	*te*	dir	*te*	dich
	il	er	*lui*	ihm	*le*	ihn
	elle	sie	*lui*	ihr	*la*	sie
Mehrzahl	*nous*	wir	*nous*	uns	*nous*	uns
	vous	ihr	*vous*	euch	*vous*	euch
	ils	sie	*leur*	ihnen	*les*	sie
	elles	sie	*leur*	ihnen	*les*	sie

REGEL 120

● Die Subjektpronomen stehen im Aussagesatz immer *vor* dem Verb (1), in der Frage stehen sie jedoch *nach* dem Verb (2):

(1) *Demain, je vais prendre la voiture.* — Morgen werde ich das Auto nehmen.
(2) *Parles-tu anglais?* — Sprichst du Englisch?

REGEL 121

● Die Objektpronomen stehen im Aussagesatz (3) und in der Frage (4) immer *vor* dem Verb:

(3) *Je vous cherche partout.*	Ich suche Sie überall.
(4) *Les trouves-tu gentils?*	Findest du sie nett?

REGEL 122

● Die Verneinung umschließt das konjugierte Verb und die davorstehenden Objektpronomen (5):

(5) *Nous ne l'avons pas vu.*	Wir haben ihn nicht gesehen.

REGEL 123

● Beim bejahten Imperativ treten die Objektpronomen *hinter* das Verb, mit Bindestrich verbunden; *me* verwandelt sich dabei zu *moi* (6). Beim verneinten Imperativ stehen sie *vor* dem Verb (7):

(6) *Donne-moi l'argent.*	Gib mir das Geld.
(7) *Ne lui donne pas l'argent.*	Gib ihm das Geld nicht.

REGEL 124

● Stehen zwei Objektpronomen vor dem Verb, so gilt folgende Reihenfolge:

me								
te		*le*		*lui*				
nous	**vor**	*la*	**vor**	*leur*	**vor**	*y*	**vor**	*en*
vous		*les*						

Dabei können maximal zwei Pronomen vor dem Verb stehen.

REGEL 125

● Beim bejahten Imperativ stehen zwei Objektpronomen in folgender Reihenfolge *hinter* dem Verb: Es folgt zuerst das direkte Objekt und dann das indirekte Objekt (8). Ist eines der beiden Pronomen *en*, so steht zuerst das indirekte Objekt und dann *en* (9):

(8) *Donne-le moi.*	Gib es mir.
(9) *Donne-lui en.*	Gib ihm davon.

REGEL 126

● Beim *verneinten Imperativ* stehen die Pronomen wie im Aussagesatz (10):

(10) *Ne le lui donne pas.*	Gib es ihm nicht.

REGEL 127

● Bei einer Infinitivkonstruktion stehen die Pronomen *vor* dem Infinitiv (11):

(11) *Tu dois me le montrer.*	Du mußt es mir zeigen.

AUSNAHME:
Bei den Verben der Wahrnehmung und der Veranlassung stehen sie *vor* dem konjugierten Verb (12):

(12) *Je la vois arriver.*	Ich sehe sie kommen.
(12) *Je lui fais réparer la radio.*	Ich lasse ihn das Radio reparieren.

2. Die Pronominaladverbien en und y

En ersetzt

- Ortsangaben, die mit *de* eingeleitet sind (1): **REGEL 128a**

(1) *Il vient de Paris.*
Il en vient. — Er kommt daher.

- mit *de* eingeleitete Ergänzungen zu Verben (2): **REGEL 128b**

(2) *Tu t'occuperas de cette affaire?*
Je m'en occuperai. — Ich kümmere mich darum.

- mit *de* eingeleitete Ergänzungen zu Subjekt (3) und Objekt (4) eines Satzes: **REGEL 128c**

(3) *La serrure de la porte est cassée. La serrure en est cassée.*	Das Schloß der Tür ist kaputt. Ihr Schloß ist kaputt.
(4) *Tu aimes les cafés de Paris? J'en aime les cafés.*	Magst du die Cafés von Paris? Ich mag seine Cafés.

- Substantive, die mit Teilungsartikel (5) oder unbestimmtem Artikel (6) als direktes Objekt stehen: **REGEL 128d**

(5) *Tu veux du thé?*
J'en veux. — Ich möchte welchen.
(6) *Tu as des enfants?*
J'en ai deux. — Ich habe zwei.

Y ersetzt

- Ortsangaben, die mit *à, en, sur, dans* etc. eingeleitet sind (7): **REGEL 129a**

(7) *Tu vas en France?*
J'y vais. — Ich fahre dorthin.

- Ergänzungen eines Verbs, die mit *à, sur, dans* eingeleitet sind (8), jedoch *nicht* Personen bezeichnen: **REGEL 129b**

(8) *Tu penses aux vacances?*
J'y pense souvent. — Ich denke oft daran.

3. Das neutrale le

- *le* in der Bedeutung 'es' ersetzt längere Satzteile oder ganze Sätze, die vorher geäußert wurden (1): **REGEL 130**

(1) *Veux-tu qu'on l'aide?*
Je le veux. — Ich möchte es.

Im verneinten Satz fehlt *le* häufig (2):

(2) *Daniel est parti?*
Je ne crois pas. — Ich glaube (es) nicht.

4. Das unverbundene Personalpronomen

Während das verbundene Personalpronomen (→ Regel 120 – 127) immer in Verbindung mit einem Verb steht, nämlich als dessen Subjekt oder Objekt, steht das unverbundene Personalpronomen *allein* oder dient sehr häufig zur Hervorhebung einer Person.

FORMEN:

Singular		Plural	
moi	ich	*nous*	wir
toi	du	*vous*	ihr
lui	er	*eux*	sie
elle	sie	*elles*	sie

Das unverbundene Pronomen wird gebraucht:

REGEL 131a

- alleinstehend, d. h. ohne Verb (1):

(1) *Qui a mangé la glace? Moi.* — Wer hat das Eis gegessen? Ich.

REGEL 131b

- zur Betonung einer Person (durch Komma vom restlichen Satz getrennt) (2):

(2) *Moi, j'aime le sport.* — Ich mag Sport.

BEACHTE:

Dabei dürfen in der 3. Person Einzahl und Mehrzahl die verbundenen Pronomen wegfallen (3):

(3) *Lui ne t'aidera pas.* — Er wird dir nicht helfen.

REGEL 131c

- nach *c'est* (4), vor *même* (5) und vor *seul* (6):

(4) *C'est nous.* — Wir sind es.
(5) *Lui-même m'a dit cela.* — Er selbst hat mir das gesagt.
(6) *Lui seul pourrait nous aider.* — Er allein könnte uns helfen.

REGEL 131d

- nach allen Präpositionen (7):

(7) *Je ne peux pas vivre sans toi.* — Ich kann nicht ohne dich leben.

● zur Beschreibung eines Besitzverhältnisses mit der Präposition *à* (8): **REGEL 131e**

(8) *C'est sa voiture à lui.*	Das ist sein Auto.

● als indirektes Objekt (3. Fall), wenn *me, te, nous, vous* als direkte Objekte vor dem Verb stehen (9): **REGEL 131f**

(9) *Tu me présentes à lui?*	Stellst du mich ihm vor?
(9) *Elle me recommande à eux.*	Sie empfiehlt mich ihnen.

● bei Verben, deren Ergänzung mit Präposition *à* nicht durch das verbundene Personalpronomen ersetzt werden kann (10): **REGEL 131g**

(10) *Tu t'intéresses à elle?*	Interessierst du dich für sie?
(10) *Je pense souvent à lui.*	Ich denke oft an ihn.

BEACHTE:

Handelt es sich bei den Ergänzungen um Sachen, wird mit *y* ersetzt (→ Regel 129b).

5. Das Reflexivpronomen

Das Reflexivpronomen (rückbezügliches Fürwort) steht bei Verben, deren Handlung sich auf das Subjekt rückbezieht.

● Im Französischen werden die indirekten Objektpronomen als Reflexivpronomen verwendet. **REGEL 132**

FORMEN:

je me lave	ich wasche mich
tu te laves	du wäschst dich
il/elle se lave	er/sie wäscht sich
nous nous lavons	wir waschen uns
vous vous lavez	ihr wascht euch
ils/elles se lavent	sie waschen sich

Bejahter und verneinter Befehl → Regel 62
Zur Angleichung des Participe Passé beim reflexiven Verb → Regel 61

● Das betonte *soi* kann sich nur auf ein unpersönliches Subjekt (z. B. *on, tout le monde, chacun*) beziehen (1): **REGEL 133**

(1) *chacun pour soi*	jeder für sich

Das Possessivpronomen

Das Possessivpronomen (besitzanzeigendes Fürwort) zeigt an, wem eine Sache gehört. Es gibt ein adjektivisches und ein substantivisches Possessivpronomen.

1. Das adjektivische Possessivpronomen

REGEL 134

● Das adjektivische Possessivpronomen richtet sich in *Zahl* und *Geschlecht* nach dem Substantiv, zu dem es gehört:

FORMEN:

Einzahl männlich		Einzahl weiblich		Mehrzahl männlich / weiblich	
mon fils	mein Sohn	*ma fille*	meine Tochter	*mes fils/ filles*	meine Söhne/ Töchter
ton fils	dein Sohn	*ta fille*	deine Tochter	*tes fils/ filles*	deine Söhne/ Töchter
son fils	sein/ihr Sohn	*sa fille*	seine/ihre Tochter	*ses fils/ filles*	seine/ihre Söhne/Töchter
notre fils/fille		unser Sohn/ unsere Tochter		*nos fils/ filles*	unsere Söhne/ Töchter
votre fils/fille		euer Sohn/ eure Tochter		*vos fils/ filles*	eure Söhne/ Töchter
leur fils/fille		ihr Sohn/ ihre Tochter		*leurs fils/ filles*	ihre Söhne/ Töchter

BEACHTE:

Sa voiture kann also *sein* oder *ihr* Auto bedeuten. Zur Klarstellung kann man *à lui* oder *à elle* hinzufügen (1):

(1) *sa voiture à lui/à elle* — sein Auto/ihr Auto

Für die höfliche Anrede verwendet man *votre* und *vos* (2):

(2) *Voilà votre clé, monsieur.* — Hier ist Ihr Schlüssel, mein Herr.

BEACHTE:

REGEL 135

● Vor weiblichen Substantiven, die mit Vokal oder stummen 'h' beginnen, stehen in der Einzahl die männlichen Formen *mon, ton, son* (3):

(3) *mon amie* — meine Freundin

2. Das substantivische Possessivpronomen

REGEL 136

● Das substantivische Possessivpronomen richtet sich in *Zahl* und *Geschlecht* nach dem Substantiv, das es vertritt (1):

(1) *A qui est ce vélo?* — Wem gehört dieses Fahrrad?

C'est le mien. — Das ist das meinige.

FORMEN:

Einzahl		Einzahl		Mehrzahl		Mehrzahl	
männlich		weiblich		männlich		weiblich	
le mien	der meinige	*la mienne*	die meinige	*les miens*	die meinigen	*les miennes*	die meinigen
le tien	der deinige	*la tienne*	die deinige	*les tiens*	die deinigen	*les tiennes*	die deinigen
le sien	der seinige	*la sienne*	die seinige	*les siens*	die seinigen	*les siennes*	die seinigen
le/la nôtre	der/die unsrige			*les nôtres*	die unsrigen		
le/la vôtre	der/die eurige			*les vôtres*	die ihrigen		
le/la leur	der/die ihrige			*les leurs*	die ihrigen		

REGEL 137

● Beziehen sich mehrere Possessivpronomen auf ein Substantiv, so steht eines davon in adjektivischer und eines in substantivischer Form (2):

(2) *votre maison et la nôtre* — euer und unser Haus

Das Relativpronomen

Das Relativpronomen (bezügliches Fürwort) leitet einen Relativsatz ein (Die Bücher, *die auf dem Tisch liegen*, sind neu.). Man unterscheidet im Französischen zwischen *qui* (der, die, das), *que* (den, die, das) und *dont* (dessen, deren) einerseits, und *lequel, laquelle* andererseits.

1. Qui, que und dont

Qui

REGEL 138a

● steht als Subjekt (Satzgegenstand) des Relativsatzes und ersetzt *Personen* (1) und *Dinge* (2):

(1) *L'homme qui travaille là-bas vient de Paris.* — Der Mann, der dort arbeitet, kommt aus Paris.

(2) *Est-ce que c'est la chambre qui est plus chère?*	Ist das das Zimmer, das teurer ist?

REGEL 138b

● steht mit den Präpositionen *à, avec, pour, sans* etc. und ersetzt dann nur *Personen* (3):

(3) *Voilà l'homme à qui j'ai donné la clé.*	Hier ist der Mann, dem ich den Schlüssel gegeben habe.

Que

REGEL 139a

● steht als direktes Objekt (4. Fall) des Relativsatzes und ersetzt *Personen* (1) und *Dinge* (2):

(1) *C'est mon frère que tu vois là-bas.*	Das ist mein Bruder, den du dort siehst.
(2) *Où est le stylo que Jean a acheté?*	Wo ist der Füller, den Jean gekauft hat?

REGEL 139b

● ersetzt eine prädikative Ergänzung (3):

(3) *Fou que je suis.*	Narr, der ich bin.

Dont

ersetzt Ergänzungen mit *de*, die

REGEL 140a

● von einem Adjektiv oder Verb abhängen (1):

(1) *Il est amoureux d'une jeune fille. Voilà la jeune fille dont il est amoureux.*	Er ist in ein Mädchen verliebt. Hier ist das Mädchen, in das er verliebt ist.

REGEL 140b

● von einem Subjekt oder einem direkten Objekt abhängen (2). Nach *dont* steht dann der bestimmte Artikel:

(2) *Voilà M. Duval. Le fils de M. Duval est coiffeur.*	Das ist Herr Duval. Der Sohn von Herrn Duval ist Friseur.
Voilà M. Duval dont le fils est coiffeur.	Hier ist Herr Duval, dessen Sohn Friseur ist.

BEACHTE:

Nach *dont* steht immer die regelmäßige Wortstellung Subjekt – Prädikat – Objekt.

MERKE:

Qui, que und *dont* sind *unveränderlich.*

2. Lequel

REGEL 141

● *Lequel* und seine entsprechenden Formen richten sich in *Geschlecht* und *Zahl* nach dem Substantiv, das sie ersetzen und haben folgende Formen:

	Einzahl		Mehrzahl	
	männlich	weiblich	männlich	weiblich
1. und 4. Fall	*lequel*	*laquelle*	*lesquels*	*lesquelles*
2. Fall	*duquel*	*de laquelle*	*desquels*	*desquelles*
3. Fall	*auquel*	*à laquelle*	*auxquels*	*auxquelles*

REGEL 142a

● *Lequel* und seine entsprechenden Formen stehen als Subjekt des Relativsatzes meist nur dann, wenn Mißverständnisse auftauchen können (1):

(1) *Je cherche la femme de M. Dupont laquelle m'a téléphoné.*	Ich suche die Frau von Herrn Dupont, die mich angerufen hat.

MERKE:

REGEL 142b

● *Lequel* und seine entsprechenden Formen müssen bei den Präpositionen *parmi* und *entre* stehen (2):

(2) *Les invités parmi lesquels se trouvaient deux Américains*	Die Gäste, unter denen sich zwei Amerikaner befanden

Lequel und seine entsprechenden Formen können auch mit allen anderen Präpositionen stehen (3):

(3) *Voilà la valise dans laquelle j'ai mis tes affaires.*	Hier ist der Koffer, in den ich deine Sachen getan habe.

BEACHTE:

Lequel wird auch als Interrogativpronomen verwendet. (→ Regel 145)

Das Interrogativpronomen

Man verwendet das Interrogativpronomen (fragendes Fürwort) zur Frage nach Personen und Sachen. Dabei unterscheidet man eine adjektivische (welches Buch?) und eine substantivische (Wer?) Form.

1. Das adjektivische Interrogativpronomen

REGEL 143

● Die adjektivische Form des Interrogativpronomens richtet sich in *Geschlecht* und *Zahl* nach dem Substantiv, zu dem es gehört:

Einzahl		Mehrzahl	
männlich	weiblich	männlich	weiblich
quel livre welches Buch	*quelle lampe* welche Lampe	*quels livres* welche Bücher	*quelles lampes* welche Lampen

2. Das substantivische Interrogativpronomen

REGEL 144

● Man unterscheidet zwischen den einfachen Frageformen, bei denen (außer bei *qui* – wer) Inversion erfolgt, also Subjekt und Verb umgestellt werden (1), und den umschriebenen Formen. Letztere bestehen aus dem Fragefürwort und *est-ce-que* (2). Dabei erfolgt keine Inversion (Inversion → Regel 161).

Tu as parlé à ton amie.

(1) *A qui as-tu parlé?*	Mit wem hast du gesprochen?
(2) *A qui est-ce que tu as parlé?*	Mit wem hast du gesprochen?

Es wird nach Personen gefragt:				
	einfache Form		mit *est-ce que* umschriebene Form	
1. Fall	*qui* (3)	wer	*qui est-ce qui* (3)	wer
2. Fall	*de qui* (4)	von wem	*de qui est-ce que* (4)	von wem
3. Fall	*à qui* (5)	wem	*à qui est-ce que* (5)	wem
4. Fall	*qui* (6)	wen	*qui est-ce que* (6)	wen

(3) *Qui a dit cela?*	Wer hat das gesagt?
(3) *Qui est-ce qui a dit cela?*	
(4) *De qui rêve-t-elle?*	Von wem träumt sie?
(4) *De qui est-ce qu'elle rêve?*	
(5) *A qui écrit-elle?*	Wem schreibt sie?
(5) *A qui est-ce qu'elle écrit?*	
(6) *Qui as-tu vu au café?*	Wen hast du im Café gesehen?
(6) *Qui est-ce que tu as vu au café?*	

Es wird nach Sachen gefragt:				
	einfache Form		mit *est-ce que* umschriebene Form	
1. Fall			*qu'est-ce qui* (7)	was
2. Fall	*de quoi* (8)	von was	*de quoi est-ce que* (8)	von was
3. Fall	*à quoi*	woran	*à quoi est-ce que*	woran
4. Fall	*que*	was	*qu' est-ce que*	was

(7) *Qu'est-ce qui s'est passé?* — Was ist passiert?
(8) *De quoi as-tu peur?* — Wovor hast du Angst?
(8) *De quoi est-ce que tu as peur?* etc. — Wovor hast du Angst?

BEACHTE:

Vor einem Infinitiv steht *que* (9):

(9) *Que faire?* — Was (soll man) tun?

REGEL 145

● Auch *lequel* wird als Fragepronomen verwendet. Es fragt nach *Personen* oder *Sachen* aus einer *begrenzten Gruppe* (10):

(10) *Pierre ou Michel? Lequel des deux a gagné?* — Pierre oder Michel? Welcher der beiden hat gewonnen?

3. Das Interrogativpronomen in der indirekten Frage

Neben der direkten Frage gibt es noch eine indirekte Frage, die von einem Verb des Sagens, Denkens oder Fragens abhängt, z. B.: Er fragt, wer diesen Film schon gesehen hat.

REGEL 146

● Frage nach *Personen:*

Es stehen die einfachen Formen und die normale Wortstellung Subjekt – Prädikat (1):

(1) *Il veut savoir de qui tu parles.* — Er möchte wissen, von wem du sprichst.

REGEL 147a

● Frage nach *Sachen:*

Es stehen als Subjekt der indirekten Frage *ce qui* (2) und als direktes Objekt der indirekten Frage *ce que* (3):

(2) *Dis-moi ce qui t'intéresse.* — Sag mir, was dich interessiert.
(3) *Dis-moi ce que tu veux faire.* — Sag mir, was du tun willst.

REGEL 147b

● Es stehen außerdem die Formen *de quoi* (wovon) (4) und *à quoi* (woran) (5):

(4) *Dites-moi de quoi vous parlez.* — Sagen Sie mir, wovon Sie sprechen.
(5) *Il demande à quoi tu penses.* — Er fragt, woran du denkst.

Das Demonstrativpronomen

Das Demonstrativpronomen (hinweisendes Fürwort) wird verwendet, um auf eine Person oder eine Sache hinzuweisen. Man unterscheidet eine adjektivische und eine substantivische Form.

1. Das adjektivische Demonstrativpronomen

REGEL 148

● Das adjektivische Demonstrativpronomen richtet sich in *Geschlecht* und *Zahl* nach dem Substantiv, zu dem es gehört (1). Die Form *cet* wird bei männlichen Substantiven verwendet, die mit Vokal (2) oder stummem 'h' (3) beginnen:

Einzahl				Mehrzahl
männlich		weiblich		männlich/weiblich
(1) *ce garçon*	dieser Junge	(1) *cette fille*	dieses Mädchen	(1) *ces garçons* *ces filles*
(2) *cet anorak*	dieser Anorak			
(3) *cet homme*	dieser Mann			

BEACHTE:

Zur Unterscheidung von Näherem und Fernerem werden *-ci* (4) und *-là* (5) mit Bindestrich an das Substantiv gehängt:

(4) *cette chambre-ci* — dieses Zimmer hier
(5) *cette chambre-là* — jenes Zimmer da

2. Das substantivische Demonstrativpronomen

REGEL 149a

● Die substantivische Form des Demonstrativpronomens richtet sich in Geschlecht und Zahl nach dem Substantiv, das es vertritt:

Einzahl		Mehrzahl	
männlich	weiblich	männlich	weiblich
celui (1)	*celle*	*ceux*	*celles*

(1) *Je prends ce magnétophone;*	Ich nehme dieses Tonband;
je prends celui-ci. etc.	Ich nehme dieses da.

REGEL 149b

● Dabei werden immer *-ci* und *-là* angehängt (2):

(2) *Quelle voiture est-ce que tu préfères?*	Welches Auto ziehst du vor?
Celle-ci ou celle-là?	Dieses da oder jenes da?

REGEL 149c

● Folgt dem substantivischen Demonstrativpronomen dagegen ein Relativsatz (3) oder eine Ergänzung mit *de* (4), so fallen *-ci* und *-là* weg:

(3) *Prenez celui qui vous plaît le mieux.*	Nehmen Sie denjenigen, der Ihnen am besten gefällt.
(4) *Prenez celui de mon mari.*	Nehmen Sie denjenigen meines Mannes.

BEACHTE:

Das neutrale *ceci* (dies hier) deutet auf etwas Näherliegendes, *cela* (das da) auf etwas Entfernteres hin (5):

(5) *Ceci est pour vous, cela pour moi.*	Dies ist für Sie, das für mich.

Cela kann außerdem als neutrales Subjekt vor transitiven Verben (= Verben, die ein direktes Objekt haben) stehen (6):

(6) *Cela vous intéresse?*	Interessiert Sie das?

REGEL 150

● Als neutrales Subjekt zum Verb *être* steht *ce* (7); *il* steht dagegen, wenn eine Ergänzung mit *de* folgt (8):

(7) *Vous partez?*	Sie fahren ab?
C'est dommage.	Das ist schade.
(8) *Il est utile de parler une langue étrangère.*	Es ist nützlich, eine Fremdsprache zu sprechen.

Die indefiniten Pronomen

Die indefiniten Pronomen (unbestimmte Fürwörter) ersetzen nicht näher bestimmte Personen oder Sachen. Man unterscheidet zwischen adjektivischen und substantivischen indefiniten Pronomen.

REGEL 151

● Folgende indefinite Pronomen werden nur *adjektivisch* gebraucht:

chaque	jeder	*chaque pays*	jedes Land
différent,e	verschieden	*différentes positions*	verschiedene Positionen
divers,e	verschieden	*diverses familles*	verschiedene Familien
quelque	irgendein	*quelque malheur*	irgendein Unglück
quelques	einige	*quelques amis*	einige Freunde
quelconque	irgendein x-beliebiger	*un type quelconque*	ein x-beliebiger Typ

REGEL 152

● Folgende indefinite Pronomen werden nur *substantivisch* gebraucht:

chacun, chacune	jeder	*chacun à son goût*	jeder nach seinem Geschmack
ne ... personne	niemand	→ Regel 118	
ne ... rien	nichts	→ Regel 118	
on	man	*On ne sait jamais.*	Man kann nie wissen.
quelque chose	etwas	*quelqu'un, quelqu'une*	jemand
quelques-uns, -unes	einige	*quiconque*	wer auch immer
qui que	wer auch immer	*quoi que*	was auch immer
quel/quelle que	was auch immer	*l'un l'autre*	einander

BEACHTE:

In der Umgangssprache steht *on* häufig für *nous* (1):
Nach *si* steht statt *on* häufig *l'on* (2):

(1) *On sort ce soir?* Gehen wir heute abend aus?
(2) *Si l'on savait...* Wenn man wüßte...

REGEL 153

● Folgende indefiniten Pronomen werden sowohl *adjektivisch* als auch *substantivisch* gebraucht:

autre,s (3)	anderer
certain,e (4)	gewisse, einige
même,s (5)	vorgestellt: derselbe, dieselbe nachgestellt: selbst als Adverb: sogar
tel, telle (6)	solcher, solche

(3) *les autres grévistes*	die anderen Streikenden
Voilà les autres.	Hier sind die anderen.
(4) *certains journalistes*	gewisse Journalisten
Certains disent...	Einige sagen...
(5) *les mêmes gens*	dieselben Leute
Il n'est plus le même.	Er ist nicht mehr derselbe.
Je l'ai vu moi-même.	Ich habe ihn selbst gesehen.
même le roi...	sogar der König
(6) *une telle surprise*	eine solche Überraschung
Monsieur un tel	ein Herr Soundso

	männlich		weiblich	
Einzahl	*tout le village*	das ganze Dorf	*toute la famille*	die ganze Familie
Mehrzahl	*tous les amis*	alle Freunde	*toutes les femmes*	alle Frauen

BEACHTE:
Tout,e kann sowohl mit Artikel (7) als auch ohne Artikel (8) stehen:

(7) *toutes les femmes*	alle Frauen, jede Frau
(8) *toute femme*	jede Frau

Tout bedeutet außerdem alleinstehend: alles (9):

(9) *C'est tout?*	Ist das alles?

Ist *tout,e* direktes Objekt eines Satzes, so wird ein entsprechendes Objektpronomen dazugesetzt (10):

(10) *Je les connais tous.*	Ich kenne sie alle.

REGEL 154

● *Tout, toute* (ganz) als Adverb: Dabei steht die Form *tout* vor Adjektiven, die mit Selbstlaut oder stummem 'h' beginnen (11); die Form *toute* steht vor allen anderen Adjektiven (12):

(11) *Elle est tout heureuse.*	Sie ist ganz glücklich.
(12) *Elle est toute surprise.*	Sie ist ganz überrascht.

Die Konjunktionen

Man unterscheidet beiordnende Konjunktionen (Bindewort), die zwei gleichwertige Sätze miteinander verbinden, und unterordnende Konjunktionen, die einen Haupt- und einen Nebensatz verknüpfen.

Beiordnende Konjunktionen:

et – und, **mais** – aber, jedoch, **ou** – oder	**car** – denn (vor allem in geschriebener Sprache)

Unterordnende Konjunktionen:

afin que – damit + Subjonctif (Bei gleichem Subjekt im Haupt- und Nebensatz wird eine Infinitivkonstruktion mit *afin de* vorgezogen). **alors que** – wohingegen, während (als Gegensatz) **à moins que ... ne** – sofern nicht, außer + Subjonctif **à peine . . que** – kaum + Inversion **après que** – nachdem (Bei gleichem Subjekt im Haupt- und Nebensatz wird eine Infinitivkonstruktion vorgezogen.) **au cas où** – falls + Konditional **aussitôt que** – sobald **avant que** – bevor + Subjonctif (Bei gleichem Subjekt im Haupt- und Nebensatz wird eine Infinitivkonstruktion vorgezogen.) **bien que** – obwohl + Subjonctif **comme** – da, weil (steht nur am Satzanfang) **de façon que, de sorte que** – so daß (stehen mit Indikativ, wenn es sich um eine tatsächliche Folge handelt; mit Subjonctif, wenn es eine gewünschte Folge ist) **depuis que** – seitdem **dès que** – sobald (in der Vergangenheit mit Passé Antérieur)	**jusqu'à ce que** – bis + Subjonctif **jusqu'au moment où** – bis **lorsque** + Passé Composé als, + Passé Simple + Présent + Futur: wenn → Regel 162: *Que* kann auch dazu verwendet werden, eine andere vorausgehende Konjunktion zu wiederholen, vor allem die Konjunktion *si*. Dabei steht dann in dem mit *que* eingeleiteten Teilsatz Subjonctif. **que** – daß, damit, + Subjonctif ob **parce que** – weil **pendant que** – während **pour que** – damit + Subjonctif **pourvu que** – vorausgesetzt, daß + Subjonctif **puisque** – da **quand** – immer wenn + Passé Composé, + Passé Simple: als **quoique** – obwohl, obgleich + Subjonctif **sans que** – ohne daß + Subjonctif **si** – wenn, falls (leitet Bedingungssätze ein) **tandis que** – wohingegen, während (als Gegensatz) **tant que** – solange als

Die Präpositionen

Im folgenden werden die wichtigsten Präpositionen (Verhältniswörter) und Präpositional-Ausdrücke (= aus mehreren Wörtern bestehend) aufgeführt:

à – örtlich: in nach, bei auf, von . . . entfernt/zeitlich: um, an, zu, bei, bis, in

à cause de – wegen

à côté de – neben, außer (einschließend)

à défaut de – mangels

à partir de – von . . . an

après – zeitlich: nach/Reihenfolge: nach

à travers – quer durch

au-delà de – jenseits von, auf der anderen Seite

au-dessous de – unter, unterhalb

au-dessus de – über, oberhalb

au lieu de – anstatt, anstelle von

au milieu de – inmitten, mitten in

auprès de – nahe bei, an bei (mit Personen)

autour de – um . . . herum

avant – zeitlich: vor/Reihenfolge: vor

avec – mit

chez – bei (mit Personen)

contre – gegen, wider, an

dans – örtlich: in, auf, an

dans – zeitlich: in (Aspekt Zukunft)

d'après – nach, gemäß

de – örtlich: von, aus/zeitlich: von sonst: aus (Material), auf, mit (Art und Weise) vor/bei vielen zusammengesetzten Substantiven

depuis – seit

derrière – hinter

dès – seit, von . . . an

devant – örtlich: vor

en – örtlich bei Ländern: in, nach, im *en* wird mit '*mit*' (bei Transportmitteln), mit '*auf*' (bei Sprachen), mit '*aus*' (Material), mit '*in*' (Zustand), mit '*als*' (in der Eigenschaft von) übersetzt

en dépit de – trotz

en face de – gegenüber von

entre – zwischen, unter (bezieht sich auf zwei oder mehrere Personen oder Dinge, die derselben Gemeinschaft angehören) (→ *parmi)*

envers – gegen, gegenüber (drückt eine Haltung aus)

excepté – außer (ausschließlich)

faute de – mangels

grâce à – dank

hors de – außerhalb, außer

il y a – vor (von jetzt an zurückgerechnet)

jusque – bis (zeitlich und örtlich)

au long de – entlang

malgré – trotz

outre – außer (einschließend)

par – örtlich: durch, über, in zeitlich: an, bei/sonst: mit (Mittel) beim Passiv: von

par-dessus – über . . . hinweg

parmi – unter, zwischen (bezieht sich auf mehr als zwei Personen oder Dinge) (→ *entre*)

pendant – während

pour – für, wegen, zu

près de – nahe bei

quant à – was . . . betrifft

sans – ohne

sauf – außer (ausschließlich)

selon – nach, gemäß

sous – unter

suivant – gemäß, entsprechend

sur – örtlich: auf, über

vers – örtlich: gegen/zeitlich: gegen

Das Zahlwort

Die Grundzahlen

0 *zéro*	10 *dix*	20 *vingt*
1 *un*	11 *onze*	21 *vingt et un*
2 *deux*	12 *douze*	22 *vingt-deux*
3 *trois*	13 *treize*	23 *vingt-trois*
4 *quatre*	14 *quatorze*	24 *vingt-quatre*
5 *cinq*	15 *quinze*	30 *trente*
6 *six*	16 *seize*	31 *trente et un*
7 *sept*	17 *dix-sept*	40 *quarante*
8 *huit*	18 *dix-huit*	50 *cinquante*
9 *neuf*	19 *dix-neuf*	60 *soixante*

70 *soixante-dix*	91 *quatre-vingt-onze*
71 *soixante et onze*	92 *quatre-vingt-douze*
72 *soixante-douze*	99 *quatre-vingt-dix-neuf*
73 *soixante-treize*	100 *cent*
74 *soixante-quatorze*	101 *cent un*
80 *quatre-vingts*	110 *cent dix*
81 *quatre-vingt-un*	200 *deux cents*
82 *quatre-vingt-deux*	201 *deux cent un*
83 *quatre-vingt-trois*	210 *deux cent dix*
90 *quatre-vingt-dix*	289 *deux cent quatre-vingt-neuf*

1.000	*mille*
1.001	*mille un*
1.200	*mille deux cents*
1.238	*mille deux cent trente-huit*
2.000	*deux mille*
10.000	*dix mille*
1.000.000	*un million*
2.000.000	*deux millions*
2.240.792	*deux millions deux cent quarante mille sept cent quatre-vingt-douze*
le milliard	die Milliarde

REGEL 155

- Zwischen Zehnern und Einern steht ein Bindestrich; nicht jedoch bei *vingt et un, trente et un, soixante et onze* etc.
- Folgen auf *quatre-vingts* und *cents* noch Zahlen, so fällt das *-s* weg. Bei Jahreszahlen entfällt das *-s* ebenfalls: *en* 1800 = *en dix-huit cent.*
- *Mille* steht immer ohne *-s*. Bei Jahreszahlen steht *mil*: *en* 1910 = *en mil neuf cent dix.*

Bildung des Datums:

REGEL 156

● Zur Angabe des Datums im Französischen werden *Grundzahlen* verwendet (1). Der Erste eines Monats wird aus der Ordnungszahl gebildet (2):

(1) *le trois mai*	der 3. Mai
(1) *le 22 avril*	der 22. April
(2) *le premier mars*	der erste März

MERKE:

Le combien sommes nous?	Den wievielten haben wir heute?

Die Ordnungszahlen

1er	*le premier* – der erste	20e	*le/la vingtième*
1ère	*la première* – die erste	21e	*le/la vingt et unième*
2nd,e	*le/la deuxième* oder *le second, la seconde*	80e	*le/la quatre-vingtième*
3e	*le/la troisième*	90e	*le/la quatre-vingt-dixième*
4e	*le/la quatrième*	100e	*le/la centième*
		200e	*le/la deux-centième*
		1000e	*le/la millième*

REGEL 157

● Mit Ausnahme von *le premier* und *le second* werden die Ordnungszahlen durch Anhängung von *-ième* gebildet. Die Ordnungszahlen werden mit hochgestelltem *e* abgekürzt (außer bei *le premier* und *le second*).

Die Bruchzahlen

1/2	*un demi*	1/5	*un cinquième*
1/3	*un tiers*	1/6	*un sixième*
2/3	*deux tiers*	2/6	*deux sixièmes*
1/4	*un quart*	1 1/2	*kg un kilo et demi* etc.

Die Uhrzeiten

Il est une heure.	Es ist 1.00 Uhr.
Il est deux heures cinq.	Es ist 2.05 Uhr.
Il est trois heures et quart.	Es ist 3.15 Uhr.
Il est une heure et demie.	Es ist 1.30 Uhr.
Il est cinq heures moins le quart.	Es ist 4.45 Uhr.
Il est six heures moins dix.	Es ist 5.50 Uhr.
Il est midi.	Es ist 12.00 Uhr mittags.
Il est minuit.	Es ist 12.00 Uhr nachts.
Il est vingt-deux heures.	Es ist 22.00 Uhr.
Il est midi et demi.	Es ist 12.30 Uhr.
Quelle heure est-il?	Wieviel Uhr ist es?

DAS MUSS MAN LERNEN

un quart d'heure	eine Viertelstunde
une demi-heure	eine halbe Stunde
trois quarts d'heure	eine dreiviertel Stunde
une heure et demie	eineinhalb Stunden
Il est trois heures précises.	Es ist genau 3 Uhr.
vers cinq heures	gegen 5 Uhr
à six heures	um 5 Uhr

Die Vervielfältigungszahlen

simple	einfach
double	doppelt
triple	dreifach
quadruple	vierfach

BEACHTE:

Man verwendet in erster Linie *simple, double* und *triple.* Danach findet sich häufig *quatre fois autant* (vierfach) oder *cinq fois autant* (fünffach) etc.

Die Zahladverbien

REGEL 158

● Zahladverbien werden durch die Anhängung von *-ment* an die Ordnungszahl gebildet. Sie werden bei Aufzählungen verwendet:

première – premièrement	(erstens)
deuxième – deuxièmement	(zweitens)
troisième – troisièmement	(drittens)

etc.

Der Aussagesatz

1. Die Wortstellung

REGEL 159

● Im Aussagesatz herrscht immer die Wortstellung Subjekt – Prädikat – Objekt, auch wenn ein Adverb steht (1) oder es sich um einen Nebensatz handelt (2):

(1) *Hier j'ai rencontré Suzanne.*	Gestern habe ich Suzanne getroffen.
(2) *Il répétait qu'il voulait voir le chef.*	Er wiederholte, daß er den Chef sehen wollte.

REGEL 160

● Stehen zwei Objekte, so tritt das direkte Objekt (4. Fall) vor das indirekte Objekt (3. Fall) (3):

(3) *Le concierge a donné la clé à votre femme.*	Der Hausmeister hat Ihrer Frau den Schlüssel gegeben.

REGEL 161

● Inversion (= Umstellung von Subjekt und Verb) erfolgt:

– bei *à peine ... que* (4) (kaum) und den Adverbien *du moins* (5) (zumindest), *ainsi* (deshalb), *aussi* (deshalb) und *sans doute* (zweifellos), bei einem Wunsch (6), im Ausruf (7) und bei in die direkte Rede eingeschobenen Sätzen (8):

(4) *A peine eut-il posé cette question que Pierre rougit.*	Kaum hatte er diese Frage gestellt, als Pierre errötete.
(5) *Du moins pourrais-tu nous donner son adresse.*	Zumindest könntest du uns seine Adresse geben.
(6) *Vive la France!*	Es lebe Frankreich!
(7) *Es-tu gentil !*	Bist du nett!
(8) *Tu es d'accord? demanda-t-il.*	Bist du einverstanden?, fragte er.

BEACHTE:

In allen diesen Fällen muß das Subjekt ein Pronomen sein. (Ausnahme: *Vive*.../Es lebe hoch...)

2. Die Hervorhebung eines Satzteiles

REGEL 162

● *C'est ... qui* (1) hebt das Subjekt eines Satzes hervor, *c'est ... que* andere Satzteile (2):

(1) *Mireille a raison.* *C'est Mireille qui a raison.*	Mireille hat recht.
(2) *Je cherche la secrétaire.* *C'est la secrétaire que je cherche.*	Ich suche die Sekretärin.

BEACHTE:

Zur Betonung kann man einen Satzteil auch an den Satzanfang (3) oder an das Satzende (4) stellen:

(3) *Ce garçon, je le trouve très gentil.*	Diesen Jungen finde ich sehr nett.
(4) *Il est très gentil, ce garçon.*	Er ist sehr nett, dieser Junge.

Der Fragesatz

Man unterscheidet folgende Möglichkeiten, die Frage zu bilden:

1. Die Intonationsfrage

Die Wortstellung des Aussagesatzes bleibt hier erhalten. Man erkennt nur an der steigenden Satzmelodie, daß es sich um eine Frage handelt (vor allem in gesprochener Sprache üblich) (1):

(1) *Tu as acheté ce disque?*	Hast du diese Platte gekauft?

2. Die Frage mit est-ce que

REGEL 163

● Die Wortstellung des Aussagesatzes bleibt erhalten. Man stellt *est-ce que* an den Satzanfang. Diese Frageform ist sehr häufig (1):

(1) *Est-ce que tu as acheté ce disque?*	Hast du diese Platte gekauft?

REGEL 164

● Fragewörter wie *comment, pourquoi, quand* etc. stehen *vor est-ce que* (2):

(2) *Pourquoi est-ce que tu as acheté ce disque?*	Warum hast du diese Platte gekauft?

3. Die Inversionsfrage

REGEL 165

● Subjekt und Verb werden umgestellt. Das ist jedoch nur möglich, wenn das Subjekt ein Pronomen ist (4):

(4) *Peux-tu m'aider?*	Kannst du mir helfen?

REGEL 166

● Handelt es sich um ein kurzes Verb oder folgt dem Verb in der Frage kein direktes Objekt, so ist die Inversion auch möglich, wenn das Subjekt ein Substantiv ist (5):

(5) *Où va Paul?*	Wohin geht Paul?
(5) *Que va dire ta mère?*	Was wird deine Mutter sagen?

4. Die absolute Fragekonstruktion

REGEL 167

● Die absolute Fragekonstruktion mit Inversion wird gebraucht, wenn das Subjekt ein Substantiv ist. Dieses bleibt an seiner üblichen Stelle im Satz und wird durch Inversion beim Verb mit dem entsprechenden Pronomen aufgenommen. Diese Frageform ist nur in der gehobenen Sprache üblich (1):

(1) *Cette ville est-elle grande?*	Ist diese Stadt groß?

Andere Satzarten

Neben Aussage- und Fragesätzen gibt es noch Wunschsätze (1), Annahmesätze (2) und Ausrufesätze (3):

(1) *Que Dieu vous garde!*	Möge Gott Sie behüten!
(2) *Supposons que tu sois millionnaire.*	Nehmen wir an, du seiest Millionär.
(3) *Que tu es gentille!*	Wie nett du bist!

Die Satzverknüpfungen

Es gibt nebenordnende und unterordnende Verknüpfungen (→ Konjunktionen S. 76).
Bei den unterordnenden Verknüpfungen unterscheidet man:

1. Die Subjektsätze

Der Nebensatz steht anstelle des Subjekts eines Hauptsatzes (1):

(1) *Qui réfléchira trouvera une solution.*	Wer nachdenkt, wird eine Lösung finden.

2. Die Objektsätze

Der Nebensatz steht anstelle eines direkten Objekts (4. Fall) (2):

(2) *Il demande si tu es d'accord.*	Er fragt, ob du einverstanden bist.

3. Die Prädikativsätze

Der Nebensatz steht anstelle einer prädikativen Ergänzung zu *être* oder einem ähnlichen Verb (z. B. *sembler* scheinen) (3):

(3) *Il sera toujours ce qu'il est.*	Er wird immer das sein, was er ist.

4. Die Adverbialsätze

Man unterscheidet folgende Arten von Adverbialsätzen:

4.1 Die kausalen Nebensätze

Der Nebensatz gibt einen Grund an (*parce que, comme* und *puisque* → Konjunktionen S. 76) (4):

(4) *Il voulait partir parce que la nuit tombait.*	Er wollte heimgehen, weil es Nacht wurde.

4.2 Die temporalen Nebensätze

Neben- und Hauptsatz stehen in einem zeitlichen Zusammenhang (→ *quand* und andere zeitliche Konjunktionen → S. 76) (5):

(5) *Quand Pierre est arrivé il pleuvait.*	Als Pierre ankam, regnete es.

4.3 Die Finalsätze

Der Nebensatz gibt einen Zweck oder ein Ziel an (Wahl des Modus → Verb, Subjonctif S. 47 ff.) (6):

(6) *Elle a appelé Alain pour qu'il puisse lire la lettre.*	Sie hat Alain gerufen, damit er den Brief lesen könne.

4.4 Die Konsekutivsätze

Der Nebensatz drückt eine ungewollte oder auch beabsichtigte Folge aus (Wahl des Modus → Subjonctif S. 47 ff.) (7):

(7) *Il a ouvert la fenêtre de sorte que tout le monde le voyait.*

Er öffnete das Fenster, so daß jeder ihn sah.

4.5 Die Konditionalsätze

Der Nebensatz, meist eingeleitet mit *si*, drückt eine Bedingung aus, unter der die Handlung des Hauptsatzes stattfinden kann. Man unterscheidet drei Typen des Konditionalsatzes, in denen jeweils sowohl im Haupt- als auch im Nebensatz folgende Zeiten stehen müssen (→ Conditionnel S. 50 f.) (8):

(8) *Si tu invites Maurice la soirée sera plus amusante.*

Wenn du Maurice einlädst, wird der Abend lustiger.

Si tu invitais Maurice, la soirée serait plus amusante.

Wenn du Maurice einladen würdest, wäre der Abend lustiger.

Si tu avais invité Maurice, la soirée aurait éte plus amusante.

Wenn du Maurice eingeladen hättest, wäre der Abend lustiger gewesen.

4.6 Die Konzessivsätze

Der Nebensatz gibt eine Einräumung wieder (*bien que, quoique* → Konjunktionen S. 76, Wahl des Modus → Subjonctif S. 47 ff.) (9):

(9) *Bien que Sylvie soit malade elle travaille au bureau.*

Obwohl Sylvie krank ist, arbeitet sie im Büro.

5. Die Attributsätze

Der Nebensatz ersetzt ein Adjektiv oder eine nähere Bestimmung, die bei einem Substantiv steht. Attributsätze sind häufig Relativsätze (10):

(10) *Voilà la lampe que j'ai achetée.*

Hier ist die Lampe, die ich gekauft habe.

Hinweise zur Aussprache

1. Einige Besonderheiten bei den Selbstlauten

e wird in einer Silbe, die auf *-e* endet, [ə] ausgesprochen: *me, te, redoubler* (verdoppeln).

e wird am Wortende [e] ausgesprochen, wenn ein Konsonant (außer *m* oder *n*) folgt: *chanter* (singen), *le nez* (die Nase).

ABER:

é wird [e] ausgesprochen: *l'église* (die Kirche), *aimé* (geliebt)

è, ê werden [ε] ausgesprochen: *la scène* (die Szene), *être* (sein)

u wird immer [y] ausgesprochen: *la butte* (der Hügel), *la ruse* (die List)

ou wird *immer* [u] ausgesprochen: *le coup* (der Schlag), *mou* (weich)

2. Die Nasale

Da diese Laute im Deutschen nicht existieren, bereiten sie dem Lernenden gelegentlich Schwierigkeiten. Man merke sich folgendes:

an, am	wird	[ã]	ausgesprochen: *la France, la chance*
in, im, en, em	wird	[ε̃]	ausgesprochen: *la fin, le pain, le timbre*
on, om	wird	[õ]	ausgesprochen: *bon, le son, sombre*
un, um	wird	[œ̃]	ausgesprochen: *un, brun, humble*

BEACHTE:

Im heutigen Französisch sind [ε̃] und [œ̃] identisch.

3. Besonderheiten bei Mitlauten

c – wird vor *e, i* [β] ausgesprochen: *céder, la cigarette*
– wird vor *a, o, u* [k] ausgesprochen: *la carte*

– wird vor *e, i* [ʒ] ausgesprochen: *le général, la girafe, nous mangeons* *g*
– wird vor *a, o, u* [g] ausgesprochen: *la gare, le golfe, déguster*

Man unterscheidet das stumme *'h'* (*h muet*) und das aspirierte *'h'* (*h aspiré*). Beide werden *nicht* ausgesprochen. Vor dem stummen *'h'* wird der Artikel in der Einzahl apostrophiert: *l'hôtel*, vor aspiriertem *'h'* jedoch nicht: *le haricot*. *h*
Der bestimmte Artikel in der Mehrzahl wird bei stummem *'h'* gebunden: *les hôtels* (lezotel), nicht jedoch bei aspiriertem *'h': les haricots* [leariko].

wird [k] ausgesprochen: *la querelle* *qu*

wird stimmlos [ʃ] ausgesprochen: *la chaise, la chambre* *ch*

wird stimmhaft [ʒ] ausgesprochen: *le jour, la jambe* *j*

Folgende Zeichen geben Hinweise auf die Aussprache:

DAS MUSS MAN LERNEN

Die Cedille:
Sie zeigt an, daß *c* vor *a, o, u* wie ein *s* gesprochen wird, z. B. *la leçon*

Das Trema:
es zeigt an, daß Vokale getrennt gesprochen werden, z. B. *Noël, égoïste*

Die unregelmäßigen Verben

Diejenigen Verbformen, die Sie in der nachfolgenden alphabetischen Übersicht *nicht* vorfinden, lassen sich größtenteils nach dem Ableitungsschema (siehe Seite 41 f.) von anderen Verbformen ableiten. In folgenden Tabellen sind die wichtigsten unregelmäßigen Verbformen aufgeführt.*)

Infinitiv	Présent	Futur I	Passé Simple	Subjonctif I	Participe Présent/ Passé
absoudre freisprechen *dissoudre* auflösen	*j'absous* il absout nous absolvons ils absolvent	*j'absoudrai* etc.	**fehlt**	*que j'absolve* etc.	*absolvant* *absous, absoute*
résoudre lösen	*je résous* etc.	*je résoudrai* etc.	*je résolus* etc.	ebenso	*résolvant* *résolu*
aller gehen, fahren	*je vais* *tu vas* *il va* *nous allons* *vous allez* *ils vont* Befehl: *va, allons, allez*	*j'irai* etc.	*j'allai* etc.	*que j'aille* *qu'il aille* *que nous allions* *qu'ils aillent*	*allant* *allé,e* (mit *être*)
battre schlagen *combattre* bekämpfen	*je bats* *il bat* *nous battons* *ils battent*	*je battrai* etc.	*je battis* etc.	*que je batte* etc.	*battant* *battu,e*
boire trinken	*je bois* *il boit* *nous buvons* *ils boivent*	*je boirai* etc.	*je bus* etc.	*que je boive* *qu'il boive* *que nous buvions* *qu'ils boivent*	*buvant* *bu, e*
conclure schließen, folgern	*je conclus* *il conclut* *nous concluons* *ils concluent*	*je conclurai* etc.	*je conclus* *nous conclûmes* etc.	*que je conclue* *que nous concluions* etc.	*concluant* *conclu, e*

Infinitiv	Présent	Futur I	Passé Simple	Subjonctif I	Participe Présent/ Passé
conduire lenken, fahren	*je conduis il conduit nous conduisons ils conduisent*	*je conduirai* etc.	*je conduisis* etc.	*que je conduise* etc.	*conduisant conduit, e*
connaître kennen, kennenlernen *paraître* erscheinen	*je connais il connaît nous connaissons ils connaissent*	*je connaîtrai* etc.	*je connus nous connûmes* etc.	*que je connaisse* etc.	*connaissant connu, e*
courir laufen *accourir* herbeilaufen *secourir* helfen	*je cours il court nous courons ils courent*	*je courrai* etc.	*je courus nous courûmes* etc.	*que je coure* etc.	*courant couru, e*
croire glauben	*je crois il croit nous croyons ils croient*	*je croirai* etc.	*je crus nous crûmes* etc.	*que je croie qu'il croie que nous croyions qu'ils croient*	*croyant crue, e*
croître wachsen etc.	*je croîs tu croîs il croît nous croissons ils croissent*	*je croîtrai* etc.	*je crûs nous crûmes* etc.	*que je croisse* etc.	*croissant crû, e*
cueillir pflücken	*je cueille il cueille nous cueillons ils cueillent*	*je cueillerai* etc.	*je cueillis* etc.	*que je cueille* etc.	*cueillant cueilli, e*
devoir müssen, sollen	*je dois il doit nous devons ils doivent*	*je devrai* etc.	*je dus nous dûmes* etc.	*que je doive qu'il doive que nous devions qu'ils doivent*	*devant dû, due*

Infinitiv	Présent	Futur I	Passé Simple	Subjonctif I	Participe Présent/ Passé
dire sagen *redire* wiederholen *	*je dis* *tu dis* *il dit* *nous disons* *vous dites* *ils disent*	*je dirai* etc.	*je dis* *nous dîmes* etc.	*que je dise* etc.	*disant* *dit, e*
écrire schreiben	*j'écris* *il écrit* *nous écrivons* *ils écrivent*	*j'écrirai* etc.	*j'écrivis* etc.	*que j'écrive* etc.	*écrivant* *écrit, e*
envoyer schicken	*j'envoie* *il envoie* *nous envoyons* *ils envoient*	*j'enverrai* etc.	*j'envoyai* etc.	*que j'envoie* *qu'il envoie* *que nous envoyions* *qu'ils envoient*	*envoyant* *envoyé, e*
faire machen, tun *refaire* wieder tun	*je fais* *tu fais* *il fait* *nous faisons* *vous faites* *ils font*	*je ferai* etc.	*je fis* etc.	*que je fasse* etc.	*faisant* *fait, e*
falloir müssen unpersönlich	*il faut*	*il faudra*	*il fallut* Imparfait: *il fallait*	*qu'il faille* Sub. II: *qu'il fallût*	*fallu*
fuir fliehen *s'enfuir* entfliehen	*je fuis* *il fuit* *nous fuyons* *ils fuient*	*je fuirai* etc.	*je fuis* *nous fuîmes* etc.	*que je fuie* *qu'il fuie* *que nous fuyions* *qu'ils fuient*	*fuyant* *fui, e*
haïr hassen Beachten Sie das Trema:	*je hais* *il hait* *nous haïssons* *ils haïssent*	*je haïrai* etc.	*je hais* *nous haïmes* etc.	*que je haïsse* etc.	*haïssant* *haï, e*

* *contredire* (widersprechen), *dédire* (widerrufen), *interdire* (verbieten), *médire* (übel nachreden), werden wie *dire* konjugiert mit Ausnahme der 2. Person Plural (1):
(1) *Vous contredisez/dédisez* etc.

Infinitiv	Présent	Futur I	Passé Simple	Sub-jonctif I	Participe Présent/ Passé
lire lesen etc.	*je lis* *il lit* *nous lisons* *ils lisent*	*je lirai* etc.	*je lus* etc.	*que je lise* etc.	*lisant* *lu, e*
mettre setzen, stellen, legen etc.	*je mets* *il met* *nous mettons* *ils mettent*	*je mettrai* etc.	*je mis* *nous mîmes* etc.	*que je mette* etc.	*mettant* *mis, e*
maudire verfluchen	*je maudis* *il maudit* *nous maudissons* *ils maudissent*		Imparfait: *je maudissais*	*que je maudisse* etc.	*maudissant* *maudit, e*
mourir sterben	*je meurs* *il meurt* *nous mourons* *ils meurent*	*je mourrai* etc.	*je mourus* etc.	*que je meure* *qu'il meure* *que nous mourions* *qu'ils meurent*	*mourant* *mouru, e* (mit *être*)
mouvoir bewegen	*je meus* *il meut* *nous mouvons* *ils meuvent*	*je mouvrai* etc.	*je mus* *nous mûmes* etc.	*que je meuve* *qu'il meuve* *que nous mouvions* *qu'ils meuvent*	*mouvant* *mû, mue*
naître geboren werden, entstehen	*je nais* *il naît* *nous naissons* *ils naissent*	*je naîtrai* etc.	*je naquis* etc.	*que je naisse* etc.	*naissant* *né, e* (mit *étre*)
plaire gefallen etc. *taire* schweigen (*il tait)*	*je plais* *il plaît* *nous plaisons* *ils plaisent*	*je plairai* etc.	*je plus* *nous plûmes* etc.	*que je plaise* etc.	*plaisant* *plu*
pleuvoir regnen unpersönlich	*il pleut*	*il pleuvra*	*il plut* Imparfait: *il pleuvait*	*qu'il pleuve* Subj. II: *qu'il plût*	*pleuvant* *plu*

Infinitiv	Présent	Futur I	Passé Simple	Subjonctif I	Participe Présent/ Passé
pouvoir können (*puis-je* in der Frage)	*je peux* *il peut* *nous pouvons* *ils peuvent*	*je pourrai* etc.	*je pus* *nous pûmes* etc.	*que je puisse* etc.	*pouvant* *pu*
prendre nehmen *comprendre* verstehen	*je prends* *il prend* *nous prenons* *ils prennent*	*je prendrai* etc.	*je pris* *nous prîmes* etc.	*que je prenne* *qu'il prenne* *que nous prenions* *qu'ils prennent*	*prenant* *pris, e*
rire lachen *sourire* lächeln	*je ris* *il rit* *nous rions* *ils rient*	*je rirai* etc.	*je ris* *nous rîmes* Imparfait: *nous riions*	*que je rie* *que nous riions* etc.	*riant* *ri*
savoir wissen	*je sais* *il sait* *nous savons* *ils savent*	*je saurai* etc.	*je sus* *nous sûmes* etc.	*que je sache* etc.	*sachant* *su, e*
suivre folgen *poursuivre* verfolgen	*je suis* *il suit* *nous suivons* *ils suivent*	*je suivrai* etc.	*je suivis* etc.	*que je suive* etc.	*suivant* *suivi, e*
vaincre (be)siegen *convaincre* überzeugen	*je vaincs* *il vainc* *nous vainquons* *ils vainquent*	*je vaincrai* etc.	*je vainquis* etc.	*que je vainque* etc.	*vainquant* *vaincu,e*
valoir gelten, wert sein	*je vaux* *il vaut* *nous valons* *ils valent*	*je vaudrai* etc.	*je valus* etc.	*que je vaille* *qu'il vaille* *que nous valions* *qu'ils vaillent*	*valant* *valu, e*
venir kommen *devenir* werden etc.	*je viens* *il vient* *nous venons* *ils viennent*	*je viendrai* etc.	*je vins* *il vint* *nous vînmes* *vous vîntes* *ils vinrent*	*que je vienne* *qu'il vienne* *que nous venions* *qu'ils viennent*	*venant* *venu, e*

Infinitiv	Présent	Futur I	Passé Simple	Subjonctif I	Participe Présent/ Passé
vêtir bekleiden	*je vêts* *il vêt* *nous vêtons* *ils vêtent*	*je vêtirai* etc.	*je vêtis* etc.	*que je vête* etc.	*vêtant* *vêtu, e*
vivre leben	*je vis* *il vit* *nous vivons* *ils vivent*	*je vivrai* etc.	*je vécus* etc.	*que je vive* etc.	*vivant* *vécu*
voir sehen etc.	*je vois* *il voit* *vous voyons* *ils voient*	*je verrai* etc.	*je vis* *nous vîmes* etc.	*que je voie* *qu'il voie* *que nous voyions* *qu'ils voient*	*voyant* *vu, e*
vouloir wollen	*je veux* *il veut* *nous voulons* *ils veulent*	*je voudrai* etc.	*je voulus* etc.	*que je veuille* *qu'il veuille* *que nous voulions* *qu'ils veuillent*	*voulant* *voulu, e*

*) Hinweise zur Benutzung der Konjugationstabelle:

In obenstehender Konjugationstabelle finden Sie die wichtigsten unregelmäßigen Verbformen und -gruppen. Verbformen und -zeiten, die sich aus anderen Formen und Zeiten ableiten lassen, werden hier nicht gesondert aufgeführt.
Die 2. Person Einzahl und Mehrzahl lassen sich von der 1. Person Einzahl bzw. Mehrzahl ableiten (*je chant-e* → *tu chant-es; nous lisons* → *vous lis-ez*) und werden deshalb nicht gesondert aufgeführt.
Das Imperfekt leitet sich z. B. aus dem Stamm der 1. Person Plural Präsens ab: *nous envoy-ons* → *il envoy-ait*.
Das Konditional leitet sich aus dem Stamm der Futurformen ab, das Passé Composé wird mit *avoir/être* und der Partizip-Perfekt-Form des jeweiligen Verbs gebildet.

Lexikon und Register der grammatischen Ausdrücke

Dieses Register funktioniert zugleich als Lexikon der grammatischen Ausdrücke: Zu allen französischen und lateinischen Fachausdrücken finden sich jeweils in der rechten Spalte die deutschen Übersetzungen mit Hinweisen auf die entsprechenden Regeln (R.) bzw. Seitenzahlen (S.), auf denen das jeweilige Problem in dieser Grammatik behandelt wird.